人文社科
高校学术研究论著丛刊

新时代青少年心理健康教育：原理、操作与实务

金玲华 著

中国书籍出版社
China Book Press

图书在版编目(CIP)数据

新时代青少年心理健康教育：原理、操作与实务 / 金玲华著. -- 北京：中国书籍出版社，2021.7
ISBN 978-7-5068-8615-4

Ⅰ.①新… Ⅱ.①金… Ⅲ.①青少年-心理健康-健康教育-研究 Ⅳ.①G444

中国版本图书馆 CIP 数据核字(2021)第 155574 号

新时代青少年心理健康教育：原理、操作与实务

金玲华 著

丛书策划	谭 鹏 武 斌
责任编辑	李 新
责任印制	孙马飞 马 芝
封面设计	东方美迪
出版发行	中国书籍出版社
地 址	北京市丰台区三路居路 97 号（邮编：100073）
电 话	(010)52257143（总编室） (010)52257140（发行部）
电子邮箱	eo@chinabp.com.cn
经 销	全国新华书店
印 厂	三河市德贤弘印务有限公司
开 本	710 毫米×1000 毫米 1/16
字 数	210 千字
印 张	13.25
版 次	2022 年 7 月第 1 版
印 次	2022 年 7 月第 1 次印刷
书 号	ISBN 978-7-5068-8615-4
定 价	72.00 元

版权所有 翻印必究

目 录

第一章　青少年心理健康教育概述 ………………………………… 1
　　第一节　心理健康的概念与内涵 ………………………………… 1
　　第二节　青少年心理发展的特征 ………………………………… 4
　　第三节　影响青少年心理健康的因素 …………………………… 13
　　第四节　青少年心理健康教育的发展 …………………………… 17

第二章　心理健康教育的理论基础 ………………………………… 19
　　第一节　认知心理学理论 ………………………………………… 19
　　第二节　行为主义理论 …………………………………………… 23
　　第三节　人本主义理论 …………………………………………… 30
　　第四节　精神分析理论 …………………………………………… 34

第三章　青少年心理健康教育的目标与原则 ……………………… 41
　　第一节　心理健康教育目标概述 ………………………………… 41
　　第二节　青少年心理健康教育的目标 …………………………… 43
　　第三节　青少年心理健康教育的原则 …………………………… 45

第四章　青少年心理健康教育的内容 ……………………………… 49
　　第一节　青少年的自我意识 ……………………………………… 49
　　第二节　青少年的人格发展 ……………………………………… 57
　　第三节　青少年的人际交往 ……………………………………… 60
　　第四节　青少年的情绪管理 ……………………………………… 71
　　第五节　青少年学习心理 ………………………………………… 80
　　第六节　青少年挫折心理 ………………………………………… 84

第五章　青少年心理健康教育的途径与手段 …… 95
第一节　个体心理咨询 …… 95
第二节　团体心理辅导 …… 102
第三节　心理素质拓展训练 …… 116

第六章　青少年心理健康干预与服务 …… 130
第一节　常用心理健康测量量表 …… 130
第二节　青少年心理健康档案的建立与管理 …… 134
第三节　青少年心理危机的干预 …… 137

第七章　青少年常见的心理问题及应对策略 …… 152
第一节　青少年心理健康的标准 …… 152
第二节　青少年常见的心理问题 …… 160
第三节　青少年心理问题的应对策略 …… 178

第八章　青少年心理健康课程设计与案例分析 …… 185
第一节　青少年心理健康课程活动设计的要求 …… 185
第二节　青少年心理健康课程活动内容的设计 …… 188
第三节　青少年心理健康教育课程案例 …… 198

参考文献 …… 204

第一章 青少年心理健康教育概述

青少年面临着学习、人际交往、情感以及就业等诸多问题,他们社会经验不足,依赖性强,心理承受能力差,很容易出现心理问题。因此,让青少年了解心理健康的基础知识,为青少年树立健康的心理打下基础,对促进青少年身心的健康成长具有积极意义。

第一节 心理健康的概念与内涵

一、健康的概念

在体质的相关研究中,健康是不得不提的一个重要因素,也是衡量和评价体质水平的一个重要标准。关于健康的概念,以往人们的理解为"健康就是没有病",这是比较片面的,现代对健康的理解为:人体各器官系统发育良好,功能正常,体质健壮,精力充沛,有良好的劳动能力,有健全的心理、精神状态和良好的社会适应能力。

世界卫生组织对健康的概念界定为:健康并不是单指一个人身体没有疾病或虚弱现象,而是指身体、心理、社会与自然和谐统一的完美状态。进一步理解,一个人要想成为完全健康的人,就必须符合身体、心理、社会适应和道德都处于完美状态的条件才可以。

随着现代社会的不断发展,健康的内涵越来越丰富。一个人的社会适应性受到相关因素的影响和制约,其中,其生理和心理的素质状况则起到重要的决定性作用。

一般来说,一个人情绪的好坏还会对其生理功能的发挥产生重要影响,如果情绪状态良好,人的生理功能通常就能获得最佳状态;反之,各种问题和疾病就会出现。因此,要将身体、心理、社会适应性等方面统一起来发展。

二、心理健康的概念

关于心理健康的确切概念,国内外并没有一个公认的统一界定。《简明不列颠百科全书》将心理健康解释为:"心理健康是指个体心理在本身及环境条件许可范围内所能达到的最佳功能状态,但不是十全十美的绝对状态。"[1]由此可见,心理健康是一种持续的、积极向上的高效而满意的心理状态。精神医学者孟尼格尔认为:"心理健康是指人们对于环境及相互间具有高效率及快乐的适应情况,不只是要有效率,也不只是要能有满足感,或是能愉快地接受生活的规范,而是需要三者俱备,心理健康的人应能保持平静的情绪、敏锐的智能、适于社会环境的行为和愉快的气质。"[2]第三届国际心理卫生大会认为:"所谓心理健康,是指在身体、智能以及情感上,在与他人的心理健康不相矛盾的范围内,将个人心境发展成最佳的状态。"这一概念将心理健康的含义分为三个层面,如表 1-1 所示。

表 1-1　心理健康的分层

生理层面	心理层面	社会层面
健康的身体为先决条件	对自我持肯定态度	有效适应
中枢神经系统无疾病	明确自己的长处、短处	妥善处理人际关系
	认知与环境一致且有效;面对现实,积极乐观	角色扮演适合社会的要求,与环境保持良好接触

我国心理学家郭念峰等人认为:"所谓心理健康,最概括、最一般地说,是指人的心理,即知、情、意活动的内在关系协调,心理的内容与客观世界保持统一,并据此能促使人体内、外环境平衡和促使个体与社会环

---

[1] 乔玲,王学. 心理健康[M]. 天津:天津大学出版社,2011.
[2] 孙庆民. 大学生健康教育[M]. 北京:电子科技大学出版社,2009.

境相适应的状态,并由此不断地发展健全的人格,提高生活质量,保持旺盛的精力和愉快的情绪。"①

虽然关于心理健康的含义,国外学者的理解不同,众说纷纭,但都比较倾向于认为,心理健康是指生活在一定的社会环境中的人体,在高级神经功能正常的情况下,智力正常、情绪稳定、行为适度,具有协调关系和适应环境的能力及特征。我们在讨论心理健康时,一定要认识到心理健康并不是一种固定的状态,而是一种不断发展的历程;同时,心理健康也不是指对任何事物都能愉快地接受,而只是在对待环境和问题冲突的反应上,能更多地表现出积极的适应倾向。②

三、心理健康的内涵

对于心理健康,专家和学者进行过各方面的探讨。有人认为,它是一种心理状态,即人对内部环境具有安定感,对外部环境能以社会上认可的形式进行适应。也有人认为,它是一种积极丰富的心理状况,在这种状况下能对环境作出良好适应,并能充分发挥身心潜能。本书认为,心理健康的含义包括两个方面:一是指预防和治疗心理疾病;二是指促进和提高人们的心理健康水平。

对青少年这个特殊群体来说,心理健康主要体现在以下两个方面:一是青少年如何积极主动地调整自己的心态,适应大学这个特殊的环境;二是在这个环境下如何创造性地发展心理潜能,完善个人生活,取得事业的成功。

一方面,人的身心发展与环境的协调是一个动态过程。一个青少年如果能够很好地适应学校的要求和环境,就意味着这种动态关系的平衡与协调;而不良的适应则是对平衡与协调的破坏。一个高中生从进入大学的那一刻起,从心理上就要与周围环境保持着和谐的关系。这种和谐的关系主要指对大学中现存和发展的环境、大学所有的规章制度及对大学生的特殊要求、大学中的人际交往方式及各种生活事件能够理解、接

---

① 李中国,马晓春.大学生心理健康教育与心理调适[M].北京:北京师范大学出版社,2016.

② 邹涵.社会阶层背景对大学生心理健康影响的研究综述[J].中国农业教育,2011(3):67-70+79.

受并且积极投入其中。

大量事实表明,一个刚刚迈入大学的大学生,其过去建立的行为规范、道德标准、价值判断以至生活习惯等都与大学这个特定团体的标准有相当大的距离。从高中生转变成一个合格的大学生,人对环境的适应是一条漫长而又充满坎坷的道路。适者生存,只有主动积极地适应环境,保持心理与环境的和谐,才能在"环境"这个大舞台上有所作为。

另一方面,作为一名青少年,不能只被动地适应环境,而应在积极接纳并理解环境的基础上,找出人生价值和生活的意义,积极发展自我、丰富自我,提高自己的水平。青少年首先要解决的是自我发展的问题,而在自我发展的过程中,发展方向是第一位的问题,我们常常看到,有的人自我观念明确,追寻方向肯定,奋斗目标积极,在大学这个大熔炉中把自己炼成了一块好钢;而有的人生活缺乏目标,时感彷徨迷茫,以至于发展受阻。因此,确立正确的、合乎自己实际的人生目标并为之坚持不懈地努力是十分重要的。只有这样,人生才是有意义的,个人生活质量才是高水平的,心理健康才是高标准的。[1]

第二节 青少年心理发展的特征

青少年生理发展已接近完成,具备了成年人的体格和生理功能,但在心理上却处于走向成熟而又未完全成熟的阶段。因此,他们在心理发展上主要表现出以下几方面的特征。

一、智力发展方面的特征

智力是个体观察力、记忆力、思维力、想象力等方面基本能力的综合体现,它是个体的一种综合性认知心理特征。大学时期正处在智力发展的黄金时代,是人生智力发展水平的最高时期。下面主要对青少年观察力、记忆力、思维力、想象力等方面的特点进行简要分析。

---

[1] 崔正华,王伶俐,李爽. 大学生心理健康与心理素质培养[M]. 北京:航空工业出版社,2018.

第一章　青少年心理健康教育概述

(一)青少年观察力的特点

青少年的观察力是指青少年有目的、有计划、比较持久的知觉能力,并在观察过程中表现出较为明显的目的性、条理性、敏锐性和精确性。青少年观察力的发展特点主要表现在以下几方面。

1. 具有坚持性和敏锐性

由于青少年在学习中的目的性较为明确,学习的动机和意志力也都达到了较高水平,加上自身思维能力的提高,使他们在观察力上表现出坚持性和敏锐性的特征。

2. 具有准确性和深刻性

青少年在学习的过程中需要认真进行有目的的学习,在思维的积极参与下,仔细地观察、深入地发现问题。这样,随着观察目的性和主动性的发展,青少年观察的准确性和深刻性也相应地得到发展。

3. 目的性、自觉性显著提高

在进入高校后,青少年开始从中学时期的被动学习模式转为主动学习模式,这一转换使青少年能够以明确的目的为导向,有意识、自觉地去探索与自己学习和生活密切相关的事物,从而促进了观察目的性和自觉性的发展。同时,由于青少年开始进行系统的专业学习和实践活动,因此,其本专业的认知结构开始逐渐形成和完善,这就使他们喜欢从专业的角度去观察事物,对与所学专业有关的问题特别敏感,观察活动带有明显的专业特点,具有很强的目的性和自觉性。

(二)青少年记忆力的特点

青少年时期是一个人一生中记忆力发展最为成熟和活跃的时期,其主要具有以下几方面的特点。

1. 意义记忆占主导地位

青少年的记忆力主要是在各种学习活动中不断发展来的。青少年需要对许多系统而抽象的专业知识进行学习和掌握,这就要求他们要善于分析和综合所学知识,并从逻辑体系、本质特征、内在联系等方面进行全面的掌握,以实现对其自身意义记忆能力的发展。同时,随着青少年知识经验的不断积累,思维能力和理解水平的迅速提高,也使其在学习时有可能在理解的基础上进行意义记忆,这就使得青少年在学习阶段意义记忆占据了主导地位。

2. 记忆的持久性和准确性显著提高

记忆的持久性和准确性也是青少年非常重要的记忆品质,对青少年掌握各种知识和经验有着重大意义。记忆的持久性主要是指学生所记忆的知识能够保持多久,记忆的准确性是指学生所记知识的精准程度。由于意义记忆在高校学习阶段占据了主导地位,因此,青少年可以形成良好的认知结构,而良好的认知结构除了可以促使记忆敏捷性和准备性的发展外,对记忆持久性和准确性的发展也同样可以发挥出较好的促进作用。

3. 记忆的敏捷性和准备性迅速增强

个体记忆的敏捷性和准备性都属于较好的记忆品质。其中,记忆的敏捷性主要是指记忆速度的快慢,一般是以一定时间内能记住多少事物或回忆多少事物来衡量。而记忆的准备性是指能及时地、迅速地从记忆中回忆出所需知识的能力。由于青少年进行的都是有着严密逻辑系统的专业知识的学习,且在学习过程中学生的意义记忆占据了主导地位,这样不仅有利于其形成良好的认知结构,而且新知识容易被原有认知结构所同化或改造已有认知结构形成新的认知结构。这些都对青少年记忆敏捷性和准备性的迅速发展起到了非常有效的促进作用。

(三)青少年思维力的特点

青少年的思维力主要是指学生借助语言对客观事物的本质及其规律进行间接、概括反映的能力,或者说是以概念、判断、推理的形式进行解决问题的能力。青少年的思维力具有以下几方面的特点。

1. 创造性思维得到明显发展

创造性思维是指有创见的思维,即通过思维不仅能揭露事物的本质

第一章　青少年心理健康教育概述

和规律,而且能产生新颖的、前所未有的思维成果。青少年作为未来社会的接班人,他们需要根据时代的需要,在校进行积极的学习,并逐渐形成具有较强创造性和开拓性的思维能力,养成自己主动探求知识的习惯。只有这样,才能适应知识不断更新变化,在现代化建设中发挥作用。由于大学具有优越的教学条件,不仅拥有从事科学研究的现代化的实验室、仪器设备和丰富的图书资料,还有学术造诣较深的师资队伍和良好的学习环境,这样优越的条件对培养学生的创造性思维是十分有利的。另外,青少年的学习实践活动会增加,这就使其积累的知识经验得到很大的发展,都可以有效促进青少年创造性思维的快速发展。

2. 思维的广阔性和深刻性显著提高

在高校学习实践活动的影响下,青少年的生活经验得到了不断积累,自己所掌握的知识也日益增多,这些在促进其思维能力独立性和批判性迅速发展的同时,也打开了青少年的视野,对问题的思考也更加深入和全面。他们既思考专业学习有关的问题,也涉及各种社会现象;既思考政治方面的问题,也涉及经济、文化等方面的问题;既考虑个人有关问题,也涉及班级、学校、国家命运等有关问题。他们在考虑问题时,不停留在表面现象,而是力求探索现象的本质和规律。由此可以看出,青少年思维的广阔性和深刻性得到了显著提高。

3. 抽象思维不断发展

个体的思维发展是具有一定阶段性的。在不同的时期,个体思维能力所表现出的特点也往往不同。一般来说,个体思维能力会经历由直觉行动思维到具体形象思维,再到抽象逻辑思维的一个从低级到高级、从具体到抽象的发展过程。个体在初中阶段时,抽象逻辑思维占主要地位,且发展十分迅速。不过,这种思维大多还属于"经验型",即他们的抽象思维经常需要具体的、直观的感性经验的直接支持。而在高中阶段,个体的抽象思维开始从经验型转向理论型,并开始形成辩证思维。此时,他们已经掌握了较多的抽象概念、原理和法则。进入大学后,伴随着知识经验的急剧增加,加之专业学习需要大学生掌握更多、更抽象的概念、原理、法则、公式,从而使得他们在思考和讨论问题之时,已经远远不满足对一般现象的罗列、现成的结论,而是对问题进行多侧面、多层次的分析和认识,以找出事物之间的内在联系,揭示事物的本质特征。这使得大学生的抽象逻辑思维得到了充分发展,并且使理论型逻辑思维和辩证逻辑思维逐渐占据了主导地位。需要指出的是,在大学读书学习阶段,大学生还并未达到完全成熟的抽象逻辑思维水平。[①]

4. 思维开始表现出较强的独立性和批判性

在青少年的思维品质中,独立性和批判性具有十分重要的地位。在学习过程中,他们不再是以往那种被动地接受式学习,而是更多的按照自己的需要进行自主的学习活动,即由依赖教师学习到独立自主学习。于是,他们在理论型思维发展的同时,思维的独立性和批判性得到进一步增强。他们开始喜欢用批判的眼光看待周围的一切事物、人物,对他人的意见往往不再轻信和盲从,遇事要思考"为什么",经常与他人争论某一观点、价值理念,敢于大胆地提出自己的独立见解,对自己的思考结果进行评价和反思。

(四)青少年想象力的特点

青少年的想象力主要是指青少年对表象进行加工改造,创造出新形象的能力,其集中表现在想象的主动性、丰富性、鲜明性和新颖性上。概括来说,青少年的想象力具有以下几方面的特点。

1. 现实性

在中学阶段,学生基本处于天真烂漫、浮想联翩的"理想化"状态。进入大学以后,由于活动领域、视野的拓宽,他们与客观现实接触范围日益扩大,同时也由于独立思考能力的不断提高,在现实与理想、思想与行为、个人愿望与社会要求之间出现了诸多矛盾,从而使得他们原本天真烂漫的想象受到了较大冲击,进而让他们变得注重从现实思考问题。因此,大学阶段是个体想象力从理想化向现实性转换的关键时期。

2. 创造性

青少年的创造性会随着其抽象逻辑思维能力的迅速发展而不断得到提高。大学生开始克服少年时期想象力的局限性,逐渐使想象中的创

---

① 刘栋,薛少一. 当代视阈下大学生心理健康教育理论与实践研究[M]. 北京:中国书籍出版社,2018.

造性成分增多。根据相关资料显示,青少年大多都具有较丰富的创造想象力,并且这种具有创造性的想象还会表现出较强的新颖性和奇特性特点。

3. 丰富性

青少年的活动范围比以前扩大很多,而且他们的表象积累也会增多,这就丰富了他们的想象内容。他们不仅对自己所学内容的有关问题展开想象,而且对专业学习以外的各种现象进行想象;不仅考虑与自己切身利益有关的问题,而且十分关心社会和国家的前途和命运。

二、自我意识发展方面的特征

自我意识是指个体对自己的意识,其主要是由个体的自我认识、自我体验和自我控制三个要素所构成。自我意识对于青少年的个性发展有着十分重要的意义,其是青少年个性结构中的核心成分之一,同时也是青少年个性形成和发展的重要前提。青少年的兴趣、能力、性格、情感、意志和道德行为,几乎都要受到自我意识的影响或制约。而伴随着青少年在生理、认识和情感等方面的逐步发展,其自我意识也会得到较大程度的发展。具体来说,青少年自我意识发展的特征,主要体现在以下几方面。

(一)自我意识逐渐趋于稳定,但未完全成熟

自我意识是指人们对自己及自己与外界各种关系的认识。每一个人都有自我意识。对于青少年而言,处于青春发育末期的青少年即将踏入社会,他们希望社会可以关注他们并认可他们的学识及能力,而不喜欢被指指点点、过分干涉与限制,也讨厌别人将他们当孩子看待,这一阶段他们表现出强烈的自我意识,具有强烈的自尊心。

但需要注意的是,在这一阶段,由于青少年缺乏必要的社会生活经验,经常会导致他们片面地看待社会及各种问题,有些想法与行为还是充满孩子气,不够成熟,幻想色彩浓厚,与实际不符,这是他们不够成熟的表现。

(二)自我体验深刻,自尊心显著增强

青少年的自我体验比较丰富,有喜欢、满意或讨厌、不满意的肯定或否定的体验等。这些自我体验基本都保持了积极、健康的基调。自尊心的需要在青少年身上会表现得非常显著。自尊心是个体要求人们尊重自己的言行,维护一定的荣誉和社会地位的一种自我意识倾向,同时也是一种与自信心、尊严感、社会责任感、集体荣誉感密切联系的良好的心理品质,而且还是个体积极向上的内部动力。青少年往往具有较高的自尊心,表现在为自尊的需要而好胜、好强、不甘落后、要求他人尊重、强烈自我保护意识、对涉及自尊的事敏感且容易表现出激励的情绪反应。当然,正是这种强烈的自尊心,也激励着青少年更加积极向上,尽力让自己的言行举止受到他人的尊重。这里需要注意的是,由于一些青少年存在着自卑感,如果不及时得以克服,那么势必在将来会造成性格上的重大缺陷,严重的青少年还会产生自暴自弃的不良后果。

(三)自我认识水平更高,自我评价能力更强

在进入大学之后,由于学习活动范围的扩大、社会各方面的施压,青少年深入了解自己的愿望更为迫切,并且还经常主动地与周围人们作比较来认识自己。这就表明了青少年的自我认识具有更高的自觉性和主动性。同时,青少年的自我评价能力也得到了较大发展,并日益成熟。除此之外,青少年对自我的评价也变得更为客观可信,自我形象更具丰富性。不过,其自我评价能力的发展还具有一定的不平衡性,如一些青少年会对自己进行较高的自我评价,而一些学生的自我评价则会表现得过低。

三、情感发展方面的特征

人的情感是一种态度体验,它主要是以客观事物是否符合个体需要所产生的,主要体现在人脑对客观事物与人的需要之间关系的反映。情感具有以下一些十分重要的功能:调节功能、感染功能、迁移功能、动力功能、信号功能、疏导功能。

大学时期是个体情感发展最为迅速的时期。而情感对于青少年心

理发展和教学活动的进行,都具有相当重要的意义。在大学的学习阶段,青少年保持自身良好的情感发展,是其全面、和谐发展心理的一个重要保障。同时,情感作为一个极为关键的非智力因素,也是搞好教学、提高教学质量所不容忽视的重要方面之一。而青少年的情感发展特征,不但有一般青年所表现出来的个体发展的年龄特征,同时也还会在特定环境和经历的影响下,形成自身独有的特征,这主要表现在以下几个方面。

(一)情绪的两极性和矛盾性

青少年的身心发展与成年人已没有明显的差异,处于青春发育阶段的他们更是散发着青春的气息,全身都散发着活力。大学就是社会的缩影,青少年在大学期间与来自全国各地甚至国外的同学打交道,情感体验越来越丰富,社交能力也不断增强,而且独自在外的青少年独立性较强,他们远离父母,更加珍惜师生之情与同学之情,情感浓厚。除此之外,随着年龄的不断增长,青少年的情感也日益丰富,爱情观日益成熟和强烈。

随着青少年年龄的不断增长,他们控制情绪的能力得到了明显的提升,但是他们在遇到比较大的刺激时,还是难以控制好自己的情绪,情绪波动较大,有时甚至会做出出格的行为,这是心理不成熟的表现。需要教师加以适当的引导,帮助青少年步入正常的发展轨道。

(二)爱情逐渐成为情感体验的一个方面

爱情是一种特殊的情感,同时也是人类十分高尚的一种情感。其是异性个体之间友谊进一步发展的情感。拥有诚挚的爱情,对于塑造一个和谐完美人格而言是必要的。在大学时期,学生的身体发育基本成熟,性意识也日渐觉醒,并且十分期望得到爱情的体验。由于青少年活动往往在开放、活跃的环境中进行,因此异性学生之间接触的机会增多,从而为青少年获得异性的爱情提供了条件。在这种环境中,青少年的爱情会因不同的动机而蕴涵着不同的内容,并且也会在不同的层次上逐渐发展起来。

尽管青少年的学习环境相对较为宽松,可是处于黄金求知时期的他们,为了更好地迎接未来的挑战,同样面临着极为繁重的学习任务。因此,这些压力会使得他们必须集中精力完成学习任务。如果青少年对爱情与学业、爱情与事业等的关系处理不当,将过多的时间花费在恋爱之上,甚至乐此不疲,那么便会造成十分消极的后果。高校管理者和教师对待青少年的恋爱问题既不能消极回避,也不能放任自流,更不能采取压制、堵塞等手段,而是要加强对他们正确恋爱观的教育和培养,使他们将主要精力用在学习之上,并向需要帮助的青少年提供必要的爱情心理咨询。[①]

(三)重视友情

友情作为个体与个体之间一种友好的情感,同时也是青少年生活中十分重要的一个人际关系,对充实青少年情感生活等方面发挥着积极作用。多数青少年由于远离了家庭,面临着独立处理学习、生活等方面的诸多问题,因此总是需要向他人倾吐自己内心的体验,以求得精神上的安慰、理解和实际的帮助。与此同时,他们也十分愿意为朋友分担忧愁,具有十分强烈的交友动机,并且希望在双方相互理解、相互信任的基础之上建立起纯真的友谊。

(四)高级情感日趋成熟、稳定

随着青少年知识经验的不断增多、能力的逐渐提高,他们的道德感、理智感和美感都获得了较高水平的发展,并且日趋成熟、稳定,成为个性特征的重要部分。其具体主要表现在以下几方面。

1. 美感发展方面

青少年在审美观和审美情感方面,也开始日臻成熟。他们对美有着十分敏锐的感受性,对美好事物有着强烈的需要。所以,他们喜爱在大自然的美景中陶冶崇高情操,渴望良好、和谐的社会风气和人与人之间的真挚友情,并且不断从品德、心灵、语言、行为等方面加强自身修养以追求人格的完美。

2. 道德感发展方面

青少年随着对社会认识的不断深入,其道德意识也得到了相应提

---

① 刘栋,薛少一. 当代视阈下大学生心理健康教育理论与实践研究[M]. 北京:中国书籍出版社,2018.

高。这主要表现为:热爱祖国和人民,有高度的使命感和责任感;期望平等、和谐的人际关系,憎恨不正之风;颂扬助人为乐、无私奉献的道德行为;珍惜集体荣誉,崇尚团结、正义。①

3. 理智感发展方面

根据相关研究表明,青少年的求知需要在其众多需要中占有重要的地位。正是这种强烈的求知需要,为青少年理智感的高度发展提供了内在基础。他们在学习新知识的过程中,往往会出现迫不及待的紧张感,会由于一个理论观点而争得面红耳赤,或者也会因一道难题冥思苦想而倍感学习中的甘苦喜忧。

第三节 影响青少年心理健康的因素

心理健康是一个极其复杂的动态过程,它受到诸多因素的影响。大致来说可以分为两类,即主观因素和客观因素。

一、影响青少年心理健康的主观因素

影响青少年心理健康的主观因素主要包括以下几方面。

(一)生理和遗传因素

一般来说,人的心理活动不是遗传的,而主要是在后天的社会环境影响和社会实践活动过程中形成和发展起来的,但人的体型、气质、能力、性格和神经系统的活动特点明显受到遗传因素的影响。

(二)神经系统类型因素

人的高级神经过程具有强度、平衡性和灵活性三个基本特征,这三个基本特征的不同组合构成四大神经类型:活泼型、安静型、兴奋型和弱

---

① 熊建圩. 大学生心理健康教育教程[M]. 天津:天津大学出版社,2011.

型;四种神经类型又对应四种气质类型:多血质、黏液质、胆汁质和抑郁质。虽然气质类型并不会直接导致心理障碍,而抑郁质的青少年则容易发生孤独等心理障碍。

(三)脑损伤因素

脑组织损伤会损害人的智力,造成记忆力损缺、注意力不能集中,甚至影响正常思维。脑损伤造成的精神病患者还会产生情感障碍。例如,表现出过度的快乐或者悲痛,或者容易激惹发怒;有的人原来脾气很好,脑损伤后却变得暴躁无比;有的患者在发生脑损伤后,还会产生幻觉和妄想。

(四)生物化学因素

神经系统的生物化学物质也是影响心理健康的重要原因。研究发现,精神病人的脑组织、血液或尿样中含有的一些化学物质,如果注入健康人体内,便会产生相应的精神症状。对神经递质的研究表明,不同的神经递质会对人的精神状态和精神疾病产生不同的影响。

(五)性别因素

心理学研究发现,女性由于感情丰富、敏感多疑,他们患功能性精神病、神经质、异常心理的发生率、身心失调症、暂时性精神失调、焦虑症,甚至自杀率等都明显高于男性。当然,除了女性的生理因素以外,女性心理不健康的比率高于男性也与她们承受的社会压力有关,例如,离婚、婚外恋、性骚扰、事业与家庭的冲突等。

二、影响青少年心理健康的客观因素

影响青少年心理健康的客观因素主要包括以下几方面。

(一)家庭环境因素

家庭对个体早期的发展影响极大,这也是影响个体心理健康的重要因素。个体的自信心、人际交往能力、安全感等方面的心理障碍多与家

第一章 青少年心理健康教育概述

庭和早期教育密切相关。

1. 家庭的经济情况和社会地位

家庭经济状况会对青少年的心理健康产生一定的影响。一般来说，家庭经济收入越低，学生的心理健康水平越低，家庭条件贫困的学生更容易出现心理健康问题。来自农村和城镇出现心理健康问题的学生远高于来自城市的学生。经济水平显著影响着青少年的心理健康水平，贫困青少年在生活中更容易表现出强迫、抑郁、焦虑和人际障碍等心理问题。

2. 家庭结构

从社会现实情况来看，独生子女家庭、单亲家庭、祖孙同堂等不同的家庭结构，对个体的心理健康会有不同的影响；子女与父母亲之间能否存在有效的、健康的交流模式，对个体心理健康也具有十分显著的影响；而来自家庭的情感支撑，是维护青少年心理健康的重要保证。

3. 父母亲的心理状态

作为个体生命中的重要他人，父母亲各自的心理状态，包括父母亲的认知、情感和行为等方面的表现，以及父母亲的脾气、性格、人生观、价值观等，对个体心理的发育和健康有着极其重要的影响。

4. 父母的职业

父母的职业会对青少年心理健康具有一定的影响。父母亲是公务员或知识分子的青少年的心理健康水平相对好于父母亲是下岗职工或个体户的青少年；父母从事技术或管理工作的青少年的健康水平相对好于父母职业是工人、农民或待业的青少年。

5. 父母的文化程度

父母的文化程度，尤其是母亲的文化程度对青少年具有显著的影响。调查显示，母亲的文化程度越高，其子女的心理健康水平就越低，低学历母亲子女的心理健康水平居次，母亲的文化程度中等，则其子女的心理健康水平偏好。而父亲的文化程度对子女的影响不是那么明显。

6. 父母亲的教养方式

所谓教养方式是指父母在抚养、教育子女的活动中使用的方法和形式,是父母各种教养行为的特征概括,是一种具有相对稳定性的行为风格。

国内对父母教养方式的分类也各不相同,最常见的是,将父母的教养方式分为放纵型、溺爱型、专制型和民主型。相关研究表明,民主型教养方式有助于孩子心理的健康发展,而放纵型、溺爱型、专制型都不利于孩子心理的健康发展。

(二)学校环境因素

学校是青少年生活学习的主要场所,影响青少年心理健康的学校因素主要包括以下几方面。

1. 学习压力

学习是青少年的主要内容及生活方式,因而来自学习方面的压力会对青少年的心理带来不同程度的影响。

2. 人际关系

大学时期是个体处于一种渴望交往、渴望理解的心理发展阶段,良好的人际关系是青少年心理健康的必然要求。大学时期的人际关系包括与同学之间的关系、与教师之间的关系、与异性之间的关系等。良好的人际关系表现为青少年被同伴所接纳和认可,他人愿意和他进行交往。这对于青少年更好地适应学校生活、减少不健康心理的出现以及获得归属感和成就感都具有重要的意义。在良好的人际关系中,青少年能够体会到被尊重和需要,他们的自信心等会得到极大提升。因此可以说,良好的人际关系对青少年的心理健康具有重要的影响作用。

3. 恋爱

青少年由于心理与生理发育逐渐成熟,渴望与异性交往,渴望得到异性的友谊甚至爱情,但由于其心理尚未完全成熟,对爱情的理解过于浪漫,理想中的交友恋爱和现实中的具体问题常发生矛盾,因而产生许多心理困惑。青少年中还出现了诸如三角恋、单相思、失恋以及性心理异常等现象。这些来自情感的压力,一旦不能得到及时而有效的缓解和调适,就可能引起心理失衡,严重的还会导致精神疾病。

(三)社会环境因素

随着我国进一步地对外开放和科学技术的不断进步,以及经济全球化时代的到来,社会生活日新月异。人们面临传统观念的变革、价值体系坐标的选择、新的生活方式的适应等问题,这对人们来说是一种心理上的考验。

而在现代社会中,青少年面临的挑战很多,有来自社会责任的压力,有来自生活本身的压力,有来自竞争的压力、择业就业的压力,有知识更新不断加快所带来的压力,等等。青少年是社会上最活跃、最敏感的人群,他们常常最先敏锐地感觉到变化和冲击,由于他们正处在人格和观念的形成期,生理和心理在迅速地变化,处于成熟与不成熟之间,因而这种变化在他们心灵中的冲击也最为明显、强烈和动荡。他们欢迎这种变化,但又对某些变化感到迷惑不解,难以适应。如果这种压力感过于沉重,就会出现心理障碍。有关调查显示,当代青少年中有不少人感到"社会变化太大、太快,自己与社会隔离太远",对学习和就业都有一种无所适从之感。此外,社会变革带来的一些负效应也对青少年心理带来不可忽视的消极影响。例如,不良社会风气、不健康的社会意识、不文明的大众传播等,都会对青少年产生不良影响。[①]

第四节 青少年心理健康教育的发展

心理健康教育在中国是一项前无古人的教育活动,是一项利在当代,功在千秋的伟大事业。它在中国大陆刚刚起步,处于探索、实验和尝试的阶段。特别是青少年心理健康教育,随着素质教育的提出、教育改革的推进以及学生心理问题日益突出,逐渐被社会、家庭、学校所重视。

---

① 邱国成. 关爱心灵,健康成长 大学生心理健康问题研究[M]. 北京:中国水利水电出版社,2019.

由于尚未形成系统的理论体系,各界人士对心理健康标准等没有达成共识,又缺少科学、全面测量青少年心理健康的量表,心理健康教育工作制度化、专业化、课程化的地位尚未确定,各地区发展也不平衡,所以,青少年心理健康教育在我国还没有形成一个完善的体系和模式。不过,近几年来,我国教育工作者根据本地区实际情况,借鉴了国内外开展青少年心理健康教育的经验,进行了大胆的尝试和实验研究,推广了一些成功的经验,取得了可喜的成果,其基本情况有以下几个方面:

第一,确立了心理健康教育的指导思想。多年来,我国在青少年心理健康教育问题上,经过广泛的学术讨论和大量的实践探索,提出了一些基本观点,如心理健康教育应体现"四性""二目标""三个意识"的观点。"四性"表现特征是:全面性、全体性、主体性、基础性。"二目标"指健康目标和发展目标。"三个意识"是指适应意识、发展意识、矫正意识。

第二,探索了心理健康教育的基本模式。目前,我们在实施素质教育工程时,把心理健康教育纳入工程实施过程中,各级教育行政部门及学校领导比较重视这项工作。全国各地从事心理健康教育的工作者,进行了大量的实验研究,积累了大量的工作经验,在实践中不断完善实施模式,开创出具有中国特色、符合民族特点、适应我国青少年身心发展特点的现代青少年心理健康教育的模式。例如:辽宁省"中小学心理健康教育"课题组提出的基本模式是:一是开展心理健康教育与心理辅导,将心理健康教育列为中小学生的必修课,正式纳入课程中,并进行检查和评估;二是组织专业人员编写教材和大纲,完善教育教学体系;三是设立学校心理咨询处;四是进行心理咨询教师业务培训,提高素质;五是开展丰富的课余生活,增加社会实践活动的内容;六是开办家长学校,争取家庭教育的通力合作;七是鼓励和扶持心理健康机构的工作。此外,北京、上海、天津、石家庄等地,也进行了青少年心理健康教育的实践和探索,摸索了一些较成功的经验。具体做法表现在以下几方面:开展了青少年心理健康辅导;设置了心理健康教育课程;开展心理热线与心理咨询服务;开办家长学校。[①]

---

① 卢文学,姜红娟,罗尔曼. 新世纪青少年心理健康教育新概念 上、下[M]. 拉萨:西藏人民出版社,2001.

第二章 心理健康教育的理论基础

如果要对青少年开展心理健康教育,就应该对心理咨询领域重要的理论和方法有所了解。但是面对众多的心理咨询理论,它们各自的理论来源如何?理论特色是什么?理论的内容主要有哪些?在这一章里将着重讨论认知心理学理论、行为主义理论、人本主义理论和精神分析理论。

第一节 认知心理学理论

认知疗法是20世纪六七十年代在美国兴起的心理治疗方法。其观点以改变认知或认知过程的方式来达到减轻或消除情绪障碍和非适应性行为的目的。认知疗法的典型代表有艾利斯(A. Elis)创立的理性情绪疗法和贝克(A. T. Beck)创立的认知疗法。

一、理性情绪疗法

理性情绪治疗学派由艾利斯发展而来。这一学派认为:我们的情绪主要是由我们的信念、评价、解释以及对生活情境的反应而产生的。他们相信人同时是理性和非理性的,人怎样行动和生活,是由自己的信念决定的。由于人的情绪问题是来源于个人非理性的思想,因此,这一派的学者相信只要我们能够协助当事人发挥他最大的智慧,他就可以脱离情绪的困扰了。不过,这一派学者虽然强调我们要对自己的行为负责,却认为不必为任何事情而责怪自己,因为他们相信自责和愤怒等都是非理性的感受。透过理性情绪的治疗过程,当事人学习一些技巧去找寻和驳斥那些否认自我的教条。

(一)理性情绪疗法的基本理念

理性情绪治疗基于一个假设,人类生而具有理性的、直线的思考和非理性的、扭曲的思考的潜能。人有自我保护、快乐、思考、口语表达、爱与他人推心置腹以及成长和自我实现的倾向;他们也有自我毁灭、逃避思考、因循、重蹈覆辙、迷信、无耐性、完美主义和自责以及逃避实现成长潜能的倾向。同时,此学派的学者亦指出,人的困扰通常不是由于客观存在事物的本身,而是由于他们对事物的感受而产生;主要是由于我们在不同的时候,会有意识和无意识地对各种事物作出评估和解释,遇上不如意的结果时往往就会令自己感到沮丧和不快乐。理性情绪治疗法把人类容易犯错视为理所当然,因此,咨询人员应该试图帮助当事人接受自己是会不断犯错的人,并帮助他们学习更平和地与自己相处。

艾利斯将心理困扰的原因归于人类的非理性。他认为人的非理性想法是儿童时期从具有影响力的人的非理性信念的谆谆教诲中学到的,除此之外,我们也自创非理性教条和迷信,然后我们借着自动暗示和自我重复的过程,反复灌输错误的信念。因此,主要是我们自己重复早年被教导的非理性思想,而非父母不停地重复,使得不良的态度继续存在并且支配我们。理性情绪治疗法坚持大部分情绪困扰的核心是责备,绝对性的认识是人类悲剧的核心,因为大多数时候,这些信念阻碍并干扰了人们对自己目标的追求。因此,如果我们要治疗神经症或人格异常症状,最好停止责备自己及他人。取而代之的是我们得学习去接纳自己,尽管我们并不完美。

理性情绪治疗学者持有他们自己的 A—B—C 的人格理论,他们不同意传统的刺激导致反应(S—R)这一说法,认为在两者当中,存在一个有机体(O),干扰着两者的关系,而人类的行为是确确实实受到这一有机体对刺激所产生的反应的影响。内心困扰是由于对同一事件的体验的认识趋向和观察角度不同而致。在理性情绪治疗过程中,A—B—C 人格理论是核心,A 是指存在的一件事实,可能是一件事或是某个人的一个行动或态度;而 C 就是当事人的情绪反应,这反应可能是适当的,也可能是不适当的。在许多人的观念中,认为 A 是导致 C 的原因,但其实不然。理性情绪派学者相信事实上是 B 导致了 C 的产生。然而什么是 B 呢？就是指个人对 A 的看法和信念。换言之，一个人的情绪困扰（C）并非被刺激（A）所决定，而是决定于一个人的信念（B）。例如：

十六岁的男孩，个子相当矮小，身体多病瘦弱。（A）

男孩子应该健壮高大才有男子气概，否则任何女孩子都不会垂青。（B）

否定自己、自卑、忧郁寡欢、退出正常社交。（C）

艾利斯认为，在使用理性情绪法进行心理治疗时，首要的任务是要教导 ABC 观念，应先设法让当事人认识"不同的人对同样一件事情会有不同的感觉"的理念意思，然后，通过具体的经验及实例作说明，甚至可以用图表作说明，协助当事人分辨理性想法与非理性想法，使当事人更能抓住 ABC 理念的精髓所在，可利用一些线索与原则，找出自身的非理性想法。①

(二)理性情绪疗法的治疗目标

理性情绪疗法的治疗目标：通过获得更实际的生活哲学，来减少当事人的情绪困扰及自我挫败的行为，减低因为生活里的错误而责备自己或他人的倾向，引导当事人有效地处理未来的困难。由于假定人类问题来自根深蒂固的观念，理性情绪治疗法要求努力、彻底地重作观念上的评估，因此，理性情绪治疗法基本上不以症状的消除为目标。它主要在引导人去检视和改变一些最基本的价值观，尤其是那些使他们困扰的观念。以下是理性情绪咨询人员在治疗当事人时的一些具体目标：对自己感兴趣、社会兴趣、自我引导、容忍、弹性、接纳不确定性、献身投入、科学地思考、自我接纳、敢于冒险、非空想主义者、高度的挫折容忍力与面对困扰时的自我负责。

(三)RET 的基本步骤——ABCDE 模型

因为 RET 理论认为人们的情绪障碍是由于人们的不合理信念所造成的，因此 RET 的实质就是以理性咨询非理性。帮助来访者以合理的思维方式代替不合理的思维方式；以合理的信念代替不合理信念，以帮助来访者减少或消除他们已有的情绪障碍。

---

① 莫雷,张卫,葛明贵. 青少年心理健康教育[M]. 上海:华东师范大学出版社,2003.

咨询的基本步骤如下：

第一步，直接或间接地向来访者介绍 ABC 理论的基本原理。第二步，要向来访者指出他们的情绪困扰延续至今的原因，是由于目前他们自身所存在的不合理信念所致。对于这一点，他们自己应当负责任。第三步，是通过与不合理信念辩论的技术，帮助来访者认清其信念的不合理，进而放弃这些不合理的信念，产生某种认知方面的改变。这是咨询中最重要的一步。第四步，帮助他们学会以新的合理的思维方式代替不合理的思维方式，以避免重新产生不合理的信念。[1]

在 RET 法的整个咨询过程中，与不合理的信念辩论的方法是主要方法。因为"辩论"一词的英文字头是 D(Disputing)，"咨询效果"一词的英文字头是 E(Eets)，加入这两个字母，RET 的整体模型就成为 ABCDE 了，即

A—诱发性事件；

B—由 A 引起的信念，对 A 的评价、解释等；

C—情绪的和行为的后果；

D—与不合理信念辩论；

E—通过咨询达到新的情绪及行为的咨询效果。

二、贝克的认知疗法

美国著名心理学家贝克等人最初提出他的认知疗法是从治疗抑郁症开始的。抑郁症心理问题求助者的消极思想使他大为震惊，由此他得出结论，抑郁症可能是由错误观念引起的，错误的观念导致了心理问题求助者消极地看待自我、世界和未来。[2]

一般来说，在心理问题求助者的早期生活中，其获得的错误观念可能来自出现问题的关系中，并以机能障碍图式加以内化。这类图式包括规则和态度，如"所有的人必须时时刻刻爱我"和"一旦我要什么就必须得到，否则我就是无用的"。机能障碍图式并不总是显而易见的，而是潜伏着的，寻找着活跃的时机，只要是与机能障碍有关的消极生活事件就能激发它。例如，它可以使一个依靠成功来判断自身价值的人感到自己

---

[1] 许德宽. 大学生心理健康指导[M]. 郑州：河南人民出版社，2005.
[2] [美国]科瑞. 心理咨询与治疗的理论与实践[M]. 北京：中国轻工业出版社，2004.

是个多余的人,从而导致消极自发观念的产生。贝克等人指出了许多人的思想上的错误观念。例如,所谓的过度概化,就是指个体根据某一偶然性事件而对其整个生活赋予结论。

从本质上来说,认知疗法就是要对心理问题求助者的思维方式进行重新建构。治疗的第一步是心理问题求助者和心理健康援助者就问题的性质和治疗目标达成共识。贝克等人称之为合作的经验主义,其中经验主义指在治疗中,将心理问题求助者的观念作为一种假设,然后对其进行验证。也就是说,治疗目标不是用积极观念取代消极观念,而是设计一些方法对消极观念进行验证。认知疗法的基本假设是,大部分的消极观念在现实生活中是没有根据的。①

认知疗法是合作式的,因为其宗旨是在心理健康援助者与心理问题求助者之间建立一种开放的、相对平等的关系,而且在治疗开始就有一个经过协商后制订的治疗进程表。在心理问题的治疗期间,心理健康援助者要对心理问题求助者的消极观念进行揭露,在治疗的各个阶段还要布置家庭作业。心理健康援助者通常要求心理问题求助者记下消极观念,以便在消极观念出现时就能加以辨识,这是挑战的第一步。心理健康援助者有时还会用到苏格拉底式对话,这是一种富有逻辑性的提问和回答;另外,心理健康援助者从对心理问题求助者进行的某些测验或练习中也能检验出消极观念。②

第二节 行为主义理论

行为治疗也称行为矫正法。它以行为主义理论为基础,并运用行为主义方法来咨询。在研究人的本性时,行为主义着重于人的外在行为。这个方法主要由生理学家把动物的实验研究成果用于人类临床,以矫正人的某些适应不良行为。"行为治疗"一词最早是由斯金纳等人于1954年提出的。现在,行为疗法已形成了自己完整的理论体系,被人们认为是

---

① 林泳海. 学校心理健康教育[M]. 北京:高等教育出版社,2011.
② 刘栋,薛少一. 当代视阈下大学生心理健康教育理论与实践研究[M]. 北京:中国书籍出版社,2018.

继精神分析之后,心理治疗发展史上的第二个里程碑,后来成为当今世界重要的心理治疗方法之一。

一、行为主义理论的背景分析

在20世纪初,美国心理学家华生在巴甫洛夫条件反射学说的基础上创立了行为主义理论。后来,又出现了斯金纳、沃尔普、艾森克和班杜拉等行为主义心理学派的主要代表人物及其理论。

行为主义理论认为,人的任何一种行为(包括正常行为和异常行为)都是通过后天学习、训练和培养而获得的,是环境塑造的产物。人的心理问题既可以通过学习获得,也可以通过学习而改变或消失。它主要关心个体当前的行为问题,不重视对个体潜意识冲动的分析,而是强调个体通过学习、训练提高求助者的自我控制能力,以达到矫正异常行为和塑造良好行为的目的。行为主义理论只强调人的心理是环境的产物,在一定程度上否定了人的主观能动性,因此是一种被动的人性观。

行为主义理论指出,人类行为动力是一个由多种因素相互作用而构成的十分复杂的系统。在对个体行为进行分析时,对同一行为的产生会有不同的解释。例如,人的学习过程是个体建立刺激和反应之间联结的过程,而联结是通过不断地尝试错误而获得的。即学习过程是个体通过不断地进行尝试,剔除错误行为,不断保留正确行为,从而获得期望建立的行为的过程。在学习过程中,食物、糖果、表扬和鼓励等强化刺激和电击、批评等惩罚刺激,对个体行为的建立或消除都具有重要的影响作用。[1]

二、行为主义理论的主要观点

行为治疗的基本理论来自行为主义的学习原理,它包括经典条件反射、操作性条件反射和模仿学习三个部分。

---

[1] 胡厚福,成功.2013教育理论全国各类成人高等学校招生考试统考教材 专升本[M].北京:北京邮电大学出版社,2011.

第二章 心理健康教育的理论基础

(一)经典条件反射原理

巴甫洛夫在实验室研究狗的消化过程时,无意中发现了应答性条件反射,即经典条件反射。他注意到,狗不仅仅是在食物出现时流唾液,而且在与食物一起出现有关的任何其他刺激物单独出现时也流唾液。为了证实这一点,巴甫洛夫进行了一系列实验。他通过条件反射原理将狗训练成每见到椭圆形时就流唾液,看到圆形则不流唾液。然后把椭圆形逐渐变成圆形,当狗再也不能辨别椭圆形和圆形时,就会出现神经症的反应:精神错乱、狂叫、哀吠、破坏仪器等。

(二)操作性条件反射原理

美国心理学家桑代克采用"尝试错误"学习法使猫学会打开笼子以得到所喜欢的食物。然后,开始在猫打开笼子吃食物时给予电击。几次后,饥饿的猫在笼子面前犹豫起来,趋避冲突(指个体面对同一目标时同时具有趋近和逃避的心态)的结果使猫产生了类似于人类焦虑状态的反应。

美国著名心理学家、行为主义理论的创始人华生也做过一个模拟恐怖实验。他在原来很喜欢动物的幼儿伸手去玩弄可爱的小白鼠时,在幼儿背后敲击锣发出巨响,以引起恐惧反应。反复数次后,在小白鼠和巨响之间建立了条件反射。于是一旦动物出现,幼儿就表现得恐惧、哭闹、不安。他进一步发现,儿童的这种反应还发生了泛化,只要一接近别的白色的有毛动物,或类似的刺激物时,都会变得恐惧。华生认为,人的行为都是后天学习的结果,环境决定了一个人的行为模式。当然,我们学习的任何东西,也可以通过学习而设法摆脱掉。

斯金纳是对行为主义和学习理论有重要贡献的心理学家。他提出了操作性条件反射原理。在实验中,他把饿鼠关在笼中,并不出示食物,饿鼠无意中碰到了一根木棍,食物出现,饿鼠得以进食。于是这个碰木棍的动作随即得到强化,这就增加了白鼠以后碰木棍动作出现的概率,多次强化后,饿鼠入笼后即碰木棍。斯金纳称此为操作性条件反射,即行为本身即是获得强化刺激的手段。他认为人的行为主要是由操作性条件反射所构成的,人们已经牢固建立的行为模式是以某种方式积极获得的结果,无论是适应良好的行为还是适应不良的行为,包括心理疾病,都可以看作是环境强化作用的直接后果。心理咨询和治疗就是要以改变对来诊者起作用的强化物的方式来改变其行为。

早期行为主义者只强调强化因素的决定作用,片面强调人的被动反应,而忽视了人的目的性和主动性。后期的行为主义心理学家开始重视认知和心理因素,修正和发展了行为主义,他们的学说被称为新行为主义。新行为主义比较重视人的欲望、动机、情感和其他的内在心理因素对人的行为的影响,强调刺激与反应之间的中介变量的意义。心理咨询中相应重视人的认知因素对改变不良行为的影响。

(三)模仿学习原理

这种理论认为,学习的产生是通过模仿过程而获得的,即一个人通过观察另一个人的行为反应而学习某种特殊的反应方式。这种理论的代表人物是美国心理学家班杜拉。他认为,人们的大量行为都是通过模仿而习得的。人的不良行为也常常是通过这一模式形成的。例如,儿童看到成人或电视中的攻击行为后,便会变得富有攻击性;患有疑病症的儿童多来自特别关注疾病的家庭等。模仿学习有助于儿童学会很多重要的技能,但也可能导致其习得变态行为。[1]

三、行为治疗的过程和方法

(一)行为主义治疗观

行为主义认为,只有通过观察一个人的外显行为才能决定他是正常还是异常。如果某人行为不正常,则这个人就是异常的。所有的行为都是学习获得的,并由于强化而得以巩固,异常行为也是习得性行为,习得的方式跟正常行为一样。与正常行为的区别在于它是非适应性的。一般来说,当某一行为的结果已不再具有社会适应性时,该行为就会减弱、消退。而精神异常行为在丧失了社会适应性后仍不消退,这就需要行为治疗家通过行为技术来帮助患者改变这些行为。

既然正常与不正常行为都是学习的结果,行为由个人的强化历史所

---

[1] 马剑侠. 大学生心理健康教育[M]. 开封:河南大学出版社,1999.

决定,那么,行为治疗就可以通过对个体再训练的方法和在某些方面改变他的环境,把不正常的行为变为正常的行为。①

(二)行为治疗的基本过程

(1)了解来访者适应不良和异常行为或心理疾病产生的原因,为有效咨询奠定基础。

(2)确定来访者心理行为问题的主要表现,将其作为咨询的具体目标。只有清楚其原因和表现,才能制定有针对性的咨询方案。

(3)向来访者说明行为治疗的目的、意义和方法,使其有所了解,从而树立信心并主动配合。

(4)治疗者运用专门的心理咨询技术,实施咨询方案。行为疗法的每种技术都有一定的适应证,这就要求治疗者根据来访者的情况及各种方法的适应证选取合适的技术。

(5)根据行为治疗技术的性质及来访者行为改变的情况,分别给予正向强化以促进良好行为,或给予某种惩罚,以抑制不良行为的发生。②

(6)根据来访者行为变化调整咨询方案,巩固咨询效果并扩展到日常生活中去。

(三)行为治疗的常用技术

1. 放松训练

所谓松弛训练法,又称为放松训练法,它是一种通过训练有意识地控制自身的心理生理活动,降低激活水平,改善机体紊乱功能的心理辅导方法。③ 在青少年心理健康教育中,利用松弛训练法的目的在于改变心理问题咨询者的肌肉紧张状态,减轻其机体肌肉紧张所引起的酸痛,以应付其情绪上的紧张、不安、焦虑和愤怒。这实质上就是通过对个体肌肉的放松来达到其精神的放松,并以此应付生活中产生的压力。具体操作如下。

---

① 马建青. 辅导人生 心理咨询学[M]. 济南:山东教育出版社,1992.
② 马剑侠. 大学生心理健康教育[M]. 开封:河南大学出版社,1999.
③ 胡永萍等. 学校心理健康教育(第二版)[M]. 广州:中山大学出版社,2010.

首先,让心理问题求助者紧缩肌肉,深呼吸,释放现在的思想,并注意自己的心跳次数等,如渐进性放松法,就是在安静的环境中采取舒适放松的坐位或卧位,按指导语或规定的程序,对全身肌肉进行"收缩—放松"的交替练习,每次肌肉收缩 5~10 秒钟,放松 30~40 秒钟。

其次,心理健康咨询者帮助求助者经历和感受紧张状态和松弛状态,并比较其间的差异。经过反复的"收缩—放松",使求助者感觉到什么是紧张,从而提高其自身消除紧张达到松弛的能力。

对于高校大学生来讲,在学生平时紧张和焦虑时,尤其是在考试前消除自身因焦虑和紧张带来的压力,放松训练法十分有效。

2. 角色扮演

角色扮演多用于改变来访者的不良行为和进行社会技能训练。角色扮演在个别治疗和小组治疗中比较常见。角色扮演可以说是对现实生活的一种重复,又是一种预演。在角色扮演过程中,来访者可学习改变自己旧有的行为或学习新的行为,并进而改变自己对某一事物的看法。角色扮演的操作方法如下:首先,治疗者要帮来访者找出一个典型事例;然后来访者本人,带着自己的问题真实地扮演主角,配角由治疗者扮演。配角尽可能按主角所说的真实事件的情境去反映,想象自己是对方时,可能会做出什么行为。扮演结束后治疗者要给来访者以必要的信息反馈。

角色扮演可以进行第二遍,让来访者采纳治疗者或其他人的意见练习新的行为。治疗者中间可叫暂停,示范新的行为,再让来访者进行主动模仿。角色扮演也可结合角色替换进行。在进行过一遍角色扮演之后,由治疗者或小组其他成员扮演有问题的主角,而由原来扮演自己的来访者扮演事件中的另一个人。由其他人扮演的主角可以先模仿有问题的来访者原先的行为方式,以使对方更深切地感受到自己行为的不适宜之处;再做一遍角色替换练习,由治疗者示范新的适宜的行为方式,最后可再进行一次角色扮演,以使有问题的来访者有机会主动模仿学习新的行为方式。

3. 系统脱敏法

脱敏即"脱离、消除过敏"的意思。系统脱敏法即交互抑制疗法,是由精神病学家沃尔帕于 1958 年提出的,其含义是当个体对某种事物、人

第二章 心理健康教育的理论基础

和环境产生过分敏感的反应时,心理咨询辅导员可以在当事人身上发展起一种不相容的反应,当事人对本来可引起敏感反应的事物或人等不再产生敏感反应。其具体操作方法和步骤如下。

首先,对某种对象产生过分敏感反应的当事人进行全身松弛训练,放松身体各部位。

其次,心理咨询辅导员建立焦虑刺激强度等级层次,由当事人想象从最恶劣的情境到最轻微焦虑的情境。

最后,将焦虑刺激想象与松弛训练活动结合起来,让当事人作肌肉放松,然后想象从焦虑刺激的最轻微等级开始逐步提高,直到最高也不出现焦虑反应为止。若在某一级出现了焦虑紧张,就应退回到较轻的一级,重新进行或暂停。①

4. 厌恶疗法

厌恶疗法又称处罚消除法,也是根据巴甫洛夫的经典条件反射原理发展而来的。该疗法的基本理论认为,学习的负强化作用可以消除原有条件反应,通过惩罚手段可以阻止或消除来访者原来的不良行为。治疗者需要帮助来访者将要消除的症状同某种使之厌恶的或惩罚性刺激结合起来,通过厌恶条件作用,从而达到消除或减少不良行为的目的。此法常用于戒烟、戒酒,以及矫正变态、强迫症和某些不良行为。

5. 冲击疗法

冲击疗法也叫暴露法、满灌法,就是给予当事人引起强烈焦虑或恐惧的刺激,从而使紧张焦虑或恐惧消失的心理问题治疗方法。具体操作方法如下。

首先,确立主要辅导目标,如找出引起当事人恐惧焦虑的人、物、事到底是什么。

其次,向当事人说明此法的目的、意义、过程等,并让当事人进入最使他感到焦虑或恐惧的情境中,或采用想象,或观看电影、录像或直接进入真实的情境,使当事人接受各种不同形式的焦虑恐惧刺激。训练过程中,要求当事人高度配合,同时不允许当事者采取逃避行为(如闭眼、哭喊、堵耳朵等)。

---

① 陈美荣,胡永萍. 心理学[M]. 广州:中山大学出版社,2008.

最后,对当事人反复进行刺激,让当事人因焦虑恐惧而出现心跳加快、呼吸困难、面色发白、四肢发冷等强烈的机体反应,但控制当事人最担心的可怕灾难没有发生。反复训练后即可减轻当事人对焦虑和恐惧的控制。一些"魔鬼训练法"就是采用冲击疗法的原理来提高训练者的心理素质的。[①]

使用冲击疗法时,心理辅导咨询者必须对当事人的身心状况有充分了解,必要时和当事人共同训练,以免发生意外。

四、行为疗法的缺点

行为疗法具有操作简单灵活的特点,受到了广大咨询工作者的欢迎,目前已广泛应用于咨询实践中,是心理咨询和治疗的主要方法。然而,行为疗法也有自身的缺点:

(1)那些极端的行为主义者只重视"刺激—反应"之间的关系,而完全忽视了人的理性、认知等因素的作用。有人认为这是把人降低为低等动物,完全否认了人的自由、自主、独立性,贬低了人的尊严和价值,按这种观点进行心理咨询,不易被来访者所接受。

(2)行为疗法所带来的改变很可能是表面的,只治标不治本。最终由于内在原因没有消除,症状有可能会发生转移。

(3)行为疗法不太重视咨询关系的建立。在咨询中,来访者基本上处于被操纵的角色之中,而且由于只关注表面症状,易忽视来访者之间的个别差异。

(4)行为疗法主要用于矫正不良行为,不适宜咨询人生较高层次的问题,如人生的意义、人的价值、生命质量、自我潜能开发等。

第三节 人本主义理论

人本主义是20世纪50—60年代在美国兴起的一个新的心理学学派,相对于精神分析学派和行为主义学派,它被称为心理学的"第三思潮"。

---

① 曾雅萍.学生心理辅导指南[M].呼和浩特:远方出版社,2007.

第二章　心理健康教育的理论基础

人本主义心理学是在批判精神分析学派和行为主义学派的基础上建立起来的。人本心理学家认为，精神分析学对人的研究建立在精神疾病患者的研究上，忽视了健康人积极的心理品质和特征；而行为主义则建立在动物行为的研究上，只注意人的外部行为倾向，忽视了人的内部心理作用。人本心理学家指出，对畸形的、发育不全的、不成熟的和不健康的人进行研究，只能产生"残缺的心理学"，认为心理学研究应关心人的价值和尊严，应以研究个性积极的心理健康方面代替研究个性消极的心理疾病方面，使心理学从本质上成为健康个性的心理学。[①]

一、人本主义理论的背景分析

人本心理学是由美国心理学家亚伯林罕·马斯洛与卡尔·罗杰斯在 20 世纪 50 年代创立的。罗杰斯是人本心理学的主要代表人物之一。当时"以当事人为中心"的心理疗法而驰名。由于人本心理学兴起的年代比精神分析学和行为主义学说晚，且在心理学界的影响和作用没有后两个学派大，因此被称为现代心理学的第三势力。

马斯洛认为，人类行为的心理驱力不是性本能，而是人的需要，他将其分为两大类、七个层次，依次是生理需要（如吃饭、穿衣、住宅、医疗等）、安全需要（要求劳动安全、职业安全、生活稳定、希望免于灾难、希望未来有保障等）、归属与爱的需要（又称社会需要，指对友情、信任、温暖、爱情的需要）、尊重的需要（包括自我尊重、自我评价以及尊重别人）、认识需要（又称认知与理解的需要，指个人对自身和世界的探索、理解及解难需要）、审美需要、自我实现的需要（最高等级的需要，是一种创造的需要）。他还提出了高峰体验和自我实现的观点。[②]

罗杰斯认为，人性发展的基本倾向是建设性的，人有追求美好生活、为美好生活而奋斗的本性。健康代表着人格的健全和人性的丰满发展，病态是健康人格的异化。心理问题求助者并没有失去自身固有的潜能，心理健康援助者要相信心理问题求助者的自我指导能力，创造有利于心

[①] 马剑侠. 大学生心理健康教育[M]. 开封：河南大学出版社，1999.
[②] 刘栋，薛少一. 当代视阈下大学生心理健康教育理论与实践研究[M]. 北京：中国书籍出版社，2018.

理问题求助者发挥潜能的良好氛围。从这个角度来讲,人本主义理论是积极人性观的体现。

二、人本主义的心理健康观

(一)对人的基本理解

人本主义认为,一个人仅仅免于神经症或精神病,还不能证明他是合格的健康者,而只能说具备了心理健康的最低条件。从整个人类看,严重的心理疾病者和真正的心理健康者都是极少数,大部分人处于平均程度的心理健康水平。这些人对日常生活各部分感到比较满意,情感相对稳定,行为比较正常,但仍避免不了遭受厌烦、孤独、失望和无聊的折磨,他们好像永远也体验不到如巨大的欢乐、高度的热情,以及强烈的献身感和义务感等令人震撼的情感,生活远未达到最理想最完美的程度,也就是说,他们的潜能没有得到充分地开发和应用。人本心理学家的任务就是要帮助人们实现这些潜能,进而使之达到心理健康。

马斯洛是人本主义心理学的代表人物。他认为人有一种"似本能"的基本需要,这是一种内在的潜能和趋势。他把人的基本需要发展模式从低到高分成五个层次,即生理需要、安全需要、归属与爱的需要、尊重需要及自我实现需要。心理健康者就是这些"自我实现者",即这些人获得了最大限度的发展和能力的充分利用,以及潜力的全部释放。

(二)罗杰斯关于自我的理论

以人为中心治疗的倡导者罗杰斯也认为自我实现是人类最基本的动机。他认为每个人心中都有两个自我:自我概念和理想自我。前者是个人看待自己的结果,后者是个人自以为"应当是"或者"必须是"的自我。对于大多数人,后一种自我实际上就是自己的行为动机,如果它过于崇高而无法实现,就往往会使人陷入痛苦,导致个人心理异常。在罗杰斯看来,自我概念和理想自我的重合状况直接决定了人们的心理健康状况,两者间差距过大,就难免会有心理失常感。心理健康者所表现的是他们真正的自我,他们不会以非自我的形象出现。在他看来,愈来愈多的人寻求心理咨询机构帮助,恰恰意味着社会正由阴冷的灰色返青,人类正从长眠中苏醒,正在放下生锈的盾牌,无畏地露出自己的原型。[①]

三、人本主义的治疗思想

人本主义确信,人需要发展并运用他们所具有的天赋、潜力达到自我实现——这就是心理健康的目的。在人的发展过程中,人的基本需要如果遭到挫折,他的自我意识就会发生扭曲,内在的潜能也就不能发挥出来,从而造成心理失调,严重者可能导致心理疾病。而基本需要得到满足,人就会顺利发展并最终达到自我实现,无论从心理上还是生理上,都会使人变得健康。因此,人本主义的心理治疗观强调人的价值、意义、独立自主的人格,强调人所具有的现实潜在能力,旨在帮助来访者认识到自身的价值,发现真正的自我,对自己的成长负责,使他们向着自我实现的目标前进。人本主义心理学试图借助心理治疗实践来改善人类的品质,以达到使人类更加文明化的目的。[②]

四、人本主义理论在心理健康教育中的应用

在人本主义治疗理论中,治疗关系的好坏是治疗过程最重要的环节。人本主义治疗主要是围绕治疗关系而展开的,主要方法是当事人中心疗法,关键是为心理问题求助者创造一个真诚、共情、尊重的人际氛围。

这里所说的真诚,是指心理健康援助者的表现应"真我",不应对心理问题求助者有任何虚伪和防御,不带假面具,心口一致、言行一致。心理健康援助者应把自己当作普通人来与心理问题求助者交往,对求助者负责,有助于求助者成长。当然,真诚不等于说实话,对于在心理健康教育和咨询过程中的一些有害于求助者或有损于咨询关系的话,一般不宜

[①] 马剑侠. 大学生心理健康教育[M]. 开封:河南大学出版社,1999.
[②] 同上.

直接表达,而应婉转、含蓄。

所谓共情,就是指心理健康援助者应深入了解心理问题求助者经历到的感情和想法,善于设身处地地体会心理问题求助者的感受、思想、观点和看法。在心理教育和咨询过程中,心理健康援助者还应借助于自身的知识和经验,把握心理问题求助者的体验与他的经历和人格之间的联系,运用咨询技巧,把自己的共情传达给求助者,以影响求助者并获得反馈。心理健康援助者在表达共情时要善于使用躯体语言,如运用目光、面部表情、身体姿势、动作变化等比言语表达更简便而有效。同时,在表达共情的过程中还要考虑到心理问题求助者的特点和文化背景,如同性之间可以有某种身体的接触,异性之间则不允许;西方人之间可以用拥抱、抚摸甚至亲吻来表达自己的共情,但中国文化不允许这样。[1]

所谓尊重,是指心理健康援助者对心理问题求助者应表现出真诚的热情、关心、喜欢和接纳,即使当心理问题求助者表现很差时,也不表示鄙视或冷漠。尽量给心理问题求助者营造出一种安全的氛围、宽松的环境。除此之外,在心理健康咨询过程中,尊重包括多方面的内容。心理健康援助者应该接纳一个人的优点和缺点,而不是仅接受心理问题求助者的光明面,排斥其消极面;接纳一个价值观和自己不同甚至差距很大的求助者,并与之平等交流;对于心理问题求助者讲述的秘密、隐私予以保护,不可随便外传。除此之外,尊重是建立在真诚的基础上的,而不是一味地迁就心理问题求助者,而是要求心理健康援助者在咨询关系已经建立的情况下,适度表达对求助者言行的看法,帮助其摆脱困扰。[2]

第四节 精神分析理论

精神分析又名心理分析,是医学心理学发展史上最早诞生的心理治疗方法。在西方国家,精神分析独占心理治疗领域数十年,一度成为心理治疗的代名词。该学派的创始人即为著名心理学家弗洛伊德。

---

[1] 刘栋,薛少一. 当代视阈下大学生心理健康教育理论与实践研究[M]. 北京:中国书籍出版社,2018.

[2] 同上.

一、精神分析理论的产生与发展

精神分析理论流派属于心理动力学理论的一种,是在长期精神病临床实践过程中发展起来的。19世纪末20世纪初,奥地利心理学家弗洛伊德创立了精神分析理论学说。弗洛伊德认为,人格或人的精神可以分成本我、自我和超我三个部分。

荣格是精神分析学派的另一位代表人物。荣格的人格结构理论与弗洛伊德的人格结构理论在本质上是相同的。他把人格分成三个层次,即意识、个人潜意识和集体潜意识。其"集体潜意识"的含义与弗洛伊德的"本我"含义基本相同。

对弗洛伊德和荣格关于人格的理论进行分析,我们可以看出,精神分析学派十分重视潜意识与心理治疗,扩大了心理学的研究领域,并获得了某些重要的心理病理规律,但他们的一些主要理论遭到许多人的反对。

20世纪30年代中期,以沙利文、霍妮、弗洛姆为代表的一批心理学家提出了新精神分析学,强调文化背景和社会因素对精神病产生和人格发展的影响,形成了新的精神分析学派。新精神分析学派保留了弗洛伊德学说中的一些基本观点,认为在影响人格和精神的主要因素中,个体潜意识的驱动力和先天潜能仍然是起主要作用的因素。

二、精神分析理论的主要观点

(一)人格层次理论

一般人可能不熟悉无意识心理活动,因为无意识的基本特点就是不易被人们觉察。发现无意识心理现象是弗洛伊德的一个主要贡献,同时无意识理论也是精神分析的基础。弗洛伊德把人的整个心理活动区分为意识、前意识和无意识三个部分。

意识是个体能够知觉的心理活动,正常成人的思维和行为属于意识系统。前意识指虽然此时此刻意识不到,但可在集中注意力、努力思索后回忆起来的那部分经验。无意识是个体不能知觉的心理活动,它由原始冲动、本能及出生之后的多种欲望构成。这些冲动、本能、欲望,与社会风俗、习惯、道德、法律不相容而被压抑或被排挤到意识阈之下(所谓意识阈,是指能否意识到的分界线),但是,它们并没有被消灭,仍然在不自觉地积极地活动着,追求满足。由于弗洛伊德定义的无意识具有这样的性质,所以人们把他的无意识称为"潜意识"。无意识的冲动和欲望与意识中的强烈抗拒构成了矛盾冲突。冲突的结果可能导致神经病、精神病症或以梦的形式表现出来。

(二)人格结构理论

弗洛伊德的人格结构理论主要包括本我、自我、超我三个部分。

本我是最原始的、与生俱来的、潜意识的结构部分,代表本能和欲望,受力比多(泛指一切身体器官的快感)或性驱力的驱使,它追求直接的、绝对的和立即的满足,往往不计后果,目的是使个体释放紧张和焦虑,获得快乐。

自我是人格的意识结构部分,是在与环境接触过程中由本我发展而来的,他能自觉自身的种种需要,它以个体的现实需要为基础,采取社会所容许的方式方法,指导自己的行为,以满足本我的需要而维持生存,在满足自我的过程中可以管制不被超我容纳的冲动,兼具防御和中介两种职能。

超我是在社会化的过程中,将道德规范、社会要求内化为自身的良心、理性,对个性的动机、欲望和行为进行管理,诱导自我使之符合社会规范的部分。它要求个体摒弃一切可能引起自我良心不安、内疚及罪恶感的思想和行为,使个体向理想的状态努力,最终形成完善的人格。[1]

从整体上来说,如果人的本我、自我与超我三者之间不能协调发展,就会引发内心的冲突,导致心理失常。这也就是说,只有本我、自我与超我的协调发展才能构成一个完整、健康的人格。

(三)人格发展学说

根据弗洛伊德的人格发展学说,儿童期的性欲在人格发展中扮演了

---

[1] 马建青. 辅导人生心理咨询实务[M]. 合肥:安徽人民出版社,2008.

重要角色,所以其人格发展理论又常被称作心理—性欲发展理论。

弗洛伊德认为,追求快感是一切生物的天性,而一切快感都直接或间接地与性有联系。所以性欲不像传统认为的只在青春期以后才产生,而是人类与生俱来的。但在弗洛伊德的心中,性欲并不单纯指与生殖活动有联系的欲望,而是指来自身体的任何部位所产生的快感,只是这种快感在性质上带有性的色彩。因此,在婴幼儿期,儿童的性欲主要表现为追求身体器官的快感。儿童身上能产生快感的区域开始较为弥散,而后逐渐集中到一些特定部位和器官。但在儿童生命期的不同时段,有不同的能产生最大快感的区域,因而在一定时期儿童以追求该区域的快感为最大的愿望。在这一时期内,最大快感部位的活动又与外界刺激和父母的教养活动有直接关系。例如,在口唇期,儿童口唇部位的活动就跟母亲的哺乳有直接联系。因此,儿童追求快感的欲望与父母满足这些欲望的情况的相互作用就对儿童人格的发展产生了决定性影响。①

弗洛伊德认为,随着成长的时间顺序,儿童身体上最集中产生快感的部位发生着有规律的转换。弗洛伊德据此把儿童心理性欲的发展分为几个阶段:①口唇期(0~1.5岁)婴儿通过唇、口的吮吸、咬、吸等口部动作获得快感;②肛门期(1.5~3岁),幼儿喜欢通过延迟或延长排便时间来获得快感;③生殖器期(3~6岁),儿童开始把性爱转向外界,产生了对异性父母的爱恋,即俄狄浦斯情结;④潜伏期(6~12岁),儿童通过丰富多彩的活动来宣泄、升华性能量;⑤生殖期(12岁~成人),即通过正常的性行为得到满足。弗洛伊德认为,性心理发展过程中在某一阶段发生停滞或倒退,就可能导致心理异常。

三、精神分析治疗的原理与方法

(一)精神分析的治疗原理

弗洛伊德的精神分析理论认为,心理疾病患者的异常行为表现及病人所意识到的内心体验只是表面现象,其真正原因是病人潜意识中的矛

---

① 江光荣. 心理咨询的理论与实务 第2版[M]. 北京:高等教育出版社,2012.

盾冲突。精神分析治疗的原理就是把病人潜意识的心理过程转变为意识的心理过程,破除压抑作用,揭去心理防御机制的伪装,使病人领悟到症状的真正病因。病人领悟后,症状即可消失。①

(二)精神分析的治疗方法

1. 自由联想

自由联想是精神分析疗法的重要方法和手段。在弗洛伊德看来,浮现在脑海里的任何东西都不是无缘无故的,都是有一定因果关系的,借此可以发掘出潜意识之中的症结所在。在进行心理健康咨询和教育过程中,可以按照如下方法进行操作。心理健康援助者在充分了解求助者的基本情况以后,让求助者坐在安乐椅上,尽情倾诉他想要说的话。援助者坐在求助者的身后或侧面,以便于使求助者情绪放松,没有什么顾虑,并且对求助者讲话的内容不加评论,只是鼓励他大胆诉说。目的是让求助者将被压抑在内心深处的隐私痛快地诉说出来,从而使心理的重负得以释放,使疾病得以康复,达到心理平衡。在听求助者进行自由联想时,援助者听到的不仅是表面内容,还要识别求助者无意识当中被压抑的内容,让它尽量释放出来。

2. 释梦

弗洛伊德1900年出版了《梦的解析》一书。他认为梦是有意义的心理现象,梦是人愿望的迂回的满足。在梦中所出现的几乎所有物体都具有象征性,成为性器官和性行为的象征。梦境是通过凝缩、置换、抽象化和润饰的方式把原来杂乱无章的潜意识加工整合而成的,但梦境只是梦者能回忆起来的显梦。显梦的背后是隐梦,隐梦的思想含义梦者是不知道的,要经过心理分析家的分析和解释才能了解。

3. 移情

由于做心理分析治疗所用的时间很长,病人会把对自己父母、亲人的感情转移到治疗者身上,即把早期对别人的感情转移到治疗者身上,

---

① 崔正华,王伶俐,李爽. 大学生心理健康与心理素质培养[M]. 北京:航空工业出版社,2018.

把他当成自己的父母、亲人等。这种移情有的是正性的、友爱的,有的是负性的、敌对的。但移情并非是对治疗者产生的爱慕,也不是有意识的恐吓,而是病人无意识阻抗的一种特殊形式。移情表示病人的力比多离开原来的症状而向外投射给治疗者,此时移情既是治疗的障碍,也是治疗的对象。治疗者通过移情可以了解病人对其亲人或他人的情绪反应,引导他讲出痛苦的经历,最后揭示移情的意义,使移情成为治疗的推动力。由于心理分析治疗认为病人在分析过程中都会对治疗者产生移情,因此对移情的处理成为病人对症状领悟的重要途径。①

4. 解释

解释是揭示症状背后的无意识动机,消除阻抗和移情的干扰,使病人领悟其症状的真正含义的过程,在治疗中必不可少。解释的目的是让病人正视他所回避的东西或尚未意识到的东西,使无意识之中的内容变成意识的内容。解释要在病人有接受的思想准备时进行,单独的解释往往不可能明显奏效。较有效的方法是在一段时间内渐渐地接近问题,从对问题的澄清逐步过渡到解释。通过解释,治疗者可以在一段时间内,不断向病人指出其行为、思想或情感背后潜藏着的本质意义。

四、精神分析治疗的过程

(一)治疗对象的选择和治疗规则

心理分析治疗的适宜对象是癔症、强迫症和恐惧症病人。

治疗中要求病人必须遵守治疗的规则,如在进行自由联想过程中,必须把浮现在头脑中的任何想法随时报告出来,不应有所隐瞒。这是因为病人所想隐去不报的内容,可能正是无意识之中与症状有关的使其自身感到羞愧、内疚的潜隐动机。②

---

① 曾美英. 大学生心理健康教育[M]. 北京:北京交通大学出版社,2008.
② 马剑侠. 大学生心理健康教育[M]. 开封:河南大学出版社,1999.

(二)治疗实施过程

心理分析治疗通常是每周会谈 3~5 次,每次平均 1 小时。其治疗疗程少则半年至 1 年,多则 2~4 年。在正式开始治疗前,还需要先经过两周的实验性分析阶段,以排除在初次会谈确定的治疗对象中仍不适合做心理分析治疗的对象。

实验性分析过程之后,进入正式治疗的第一阶段。此阶段的目的在于建立治疗的同盟关系。第二阶段是移情的出现及其解释。随着移情的发展,治疗者要及时进行解释,使病人对他将过去的经历、体验投射到治疗者身上的情况有充分认识。在对移情的分析和理解过程中,治疗进入第三阶段,这一阶段是治疗的扩展阶段。这一阶段要帮助病人对移情有更深刻的认识,并着力克服治疗中遇到的各种阻力,使病人对治疗者的解释,即其症状的隐意有更为清晰的认识。治疗的第四阶段是结束阶段,主要解决病人对治疗者的依赖问题和拒绝治疗结束的企图。同时,要彻底解决病人对治疗者产生的移情。[1]

---

[1] 陈绍国. 实用心理调节与测试技术[M]. 北京:兵器工业出版社,1998.

第三章 青少年心理健康教育的目标与原则

一般认为,心理健康教育是教育者根据在校学生生理、心理发展特点,从学生的具体实际出发,通过多种心理教育方法和手段的合理运用,对学生心理素质的各个方面进行有目的、有计划的积极教育和辅导,对学生的心理潜能进行开发,对学生的心理机能进行调节,培养学生健康的个性,从而使学生的身心素质得到和谐发展和全面提高的教育活动。

第一节 心理健康教育目标概述

联合国教科文组织明确指出,21世纪教育的原则是"学会求知、学会做事、学会共处、学会生存"。在21世纪,这四种学会将是每个人一生中最重要的知识支柱。然而,在当前阶段下,我国的正规教育完全不顾其他的学习形式,只是一味地强调获取知识和以应试为主要目的的知识技能教育。这种教育培养出来的人是不全面、不完善的,结果往往导致学校的师生过分重视文本的东西,而动手能力和创造性的培养却被忽视。

另一方面,在我国经济发展水平迅速增长的今天,人们的生活方式变得愈发复杂,随之而来的是各种各样的社会问题,例如青少年犯罪、吸毒,中小学生厌学、离家出走、成绩不良、道德水平低下等现象增多等。面对这些社会现象和问题,现代社会中的人们越来越依赖学校教育,希望通过学校教育来解决这些问题。

在处于21世纪的今天,我们的教育目标和教育的作用都应当有所突破,应该赋予其新的内涵,那就是为每个学生的生活指明方向,使每个学生都可以发现、发挥自己的潜能和创造性,充分挖掘自己身上的潜力,以最终实现个人的全面发展。因此,21世纪的教育不再是一种手段和达成某种目的的必由之路,而是要使每个人的心理健康地成长,使每个人学会生存。学校心理健康教育的目的也就在于此。

根据当前阶段下学校的培养目标,学校心理健康教育从整体上来说有两大任务,一是预防性,二是促进性。具体来说,学校心理健康教育的任务可以分为理论任务和实践任务两个方面。心理教育工作者在进行学校心理健康教育的实践中,要不断总结有关理论,逐步建立起当代学校心理健康教育系统的、完善的体系。学校心理健康教育的实践任务又可以进一步划分为促进性的实践任务和预防性的实践任务。促进性的实践任务是一种积极的任务,可以看作是优化心理素质,促进全面发展的过程。预防性的实践任务针对的是消极现实,即防治心理疾病,增进心理健康。从临床的角度来看,发展性心理咨询和学校心理辅导属于积极的促进发展的实践任务,障碍咨询属于防止性的解决问题的消极实践任务。

在青少年的身心发展过程中,其心理发展和身体发展意愿,会出现这样那样的问题。对于每个人来说,其一生中都会出现或多或少的不适应,这些不适应的状况或许会不治而愈,但也有可能发展为其人生中的心理障碍问题。

总而言之,学校心理健康教育既要注重大多数学生的心理发展,也要注重个别学生心理问题的防治。事实上,心理疾病的范围很广泛,轻重差别也很大。客观来说,学生的心理疾病肯定是有一个从发生到发展的过程。因此,学校心理健康教育工作者的一个重要任务就是要贯彻预防为主的方针,通过开展学校心理健康教育工作,尽量消除使得学生产生心理疾病的因素。如果发现学生有了心理疾病的苗头,就应该采取合理的措施,将其在初步发展阶段予以终止和消灭。①

青少年心理健康教育的目标是学校开展心理健康教育的导向和基本依据。它决定着心理健康教育的内容,也直接影响着心理健康教育的方法、途径和效果,是检验、评估心理健康教育工作的有效性标准,也是

---

① 陈方,李小光.现代学校心理健康教育原理与应用[M].北京:中国水利水电出版社,2014.

关系到能否把心理健康教育落到实处的一个重要条件。从这个角度来说,青少年心理健康教育应当反映当代先进的教育思想和社会的发展状况,体现时代的要求。

第二节 青少年心理健康教育的目标

一、青少年心理健康教育的当前目标与长远目标

(一)总目标

青少年心理健康教育的总目标是反映心理健康教育的基本精神,将心理健康教育与其他教育活动区分开来。具体来说,就是要提高全体青少年的心理素质,促进学生心理全面、主动、健康地发展。

(二)中间目标

青少年心理健康教育的中间目标是对总目标的分解,它反映着总目标的构成情况。根据教育对象的心理是否正常,可将总目标分解为正常学生和少数异常学生两个维度。根据教育对象心理活动的领域,可将学校心理健康教育的总目标分解为认知、情感、意志、行为技能、个性等方面的教育以及它们之间的相互作用、相互影响;根据学生心理健康的状况和不同的教育要求,总目标又分为矫治性目标、预防性目标和发展性目标。矫治性目标是针对少数已产生心理问题的学生提供心理咨询或心理治疗的目标,即减轻或消除当事学生的不良心理症状,提供心理支持,帮助学生适应生活,重塑健康人格。预防性目标是针对青年学生成长过程中心理发展需要而提供的"防患于未然"的心理健康教育与辅导的目标。发展性目标是以满足青少年心理发展为指向的目标。青少年群体都对人生有各种各样的期待,发展性目标就是为满足人生的心理期待而设定的。青少年作为一个成长中的群体,并不满足一般的心理健康水平,而是期待自己的各种心理潜能都得到充分发挥,各种才能都能充

分展现,特别是青少年的创造才能和创新精神都能得到充分开发和利用。

高校在具体的心理健康教育中,应根据不同对象确立不同的目标,提出不同目标的要求。对少数心理有问题的学生,应以矫治性目标为主,以预防性目标、发展性目标为辅。对正常学生则以发展性目标为主,预防性目标为辅。比较而言,预防性目标是基础性的,发展性目标则是主导性的,矫治性目标是补救性的。三者都是总目标的组成部分,它们相辅相成,是促进全体学生心理健康发展的保证。[①]

(三)具体目标

心理健康教育总目标的实现需要通过实现一系列的具体目标才能达到,因此,心理健康教育同样需要完成一些具体的目标,才能最终达到理想的效果。具体目标是中间目标在学生不同阶段的进一步具体化,反映学生在各个不同阶段的心理发展任务。大学新生的适应问题、毕业生的择业问题,都是在现实生活中发生而需要及时进行心理健康教育的具体目标问题。[②]

(1)形成:它是通过塑造学生的良好心理素质,培养健全的个性,来帮助学生形成健康的心理。

(2)维护:它主要是通过各种途径来帮助学生,尽量避免和减少不利因素对他们心理健康的影响。

(3)促进:它是根据学生成长发展的需要和特点,通过各种途径不断增强他们的心理健康,提高他们的心理健康水平。

在青少年心理健康教育工作中,"维护"属于消极目标,是减少学生产生心理问题的潜在可能性,预防学生各种心理疾病的发生,并对已出现的异常心理进行鉴别和指导。"形成"和"促进"是积极目标,它属于青少年心理健康教育的高层次目标,主要是为了培养学生健全的个性。帮助学生自立自强,正确认识现实与自身,在环境与自身条件许可范围内,调节自己的心理和行为,从而适应周围环境,保持心理健康,进而达到个性内部构造的平衡和潜能的充分发挥。因此,在青少年心理健康教育

[①] 燕良轼.大学生心理健康教育[M].北京:红旗出版社,2006.
[②] 刘栋,薛少一.当代视阈下大学生心理健康教育理论与实践研究[M].北京:中国书籍出版社,2018.

中,发展是核心,以"形成"和"促进"学生形成良好的心理素质和健全的个性为主,以防治各种心理疾病为辅。在心理健康教育工作中,这三种目标相互联系,相互促进,有时很难截然分开。①

二、青少年心理健康教育的发展性目标与补救性目标

(一)发展性目标

青少年心理健康教育的发展性目标是要对青少年的心理素质进行有目的的培养和促进,使他们的心理素质不断优化,形成健康的心理,从而能适应社会,并健康地发展。

(二)补救性目标

补救性目标主要是针对少数在心理上出现问题的学生,是治疗性的和矫正性的。

发展性目标与补救性目标结合在一起能够增进全体学生的心理健康,提高青少年的学习与生活质量。

第三节 青少年心理健康教育的原则

一、差异性原则

由于每一名青少年都是不同的,都有自己的个性和特点,因此心理素质的培育也要遵循青少年的这些个性特点和需求,严格遵循差异性的原则对其进行培养,这样才能有效提升青少年的心理健康水平。具体而言,就是在平时的教学活动中,要以学生心理发展特点和规律为依据制定心理健康教育方案,实施有差别化的教育。

---

① 刘红.中小学心理健康教育理论与操作[M].重庆:西南师范大学出版社,2005.

二、主体性原则

主体性原则也就是以人为本原则,这一原则要求教师在教学过程中要善于激发学生学习的积极性,提高学生学习的兴趣,加强师生彼此间的沟通与交流,满足学生的各种心理需求,培养和提高学生的心理健康意识,这样才有利于实现心理健康教育的目标。

三、系统性原则

青少年的心理健康教育不是可有可无的,也不是一件简单的事情,它是一项大的系统工程,在学校教育中扮演着十分重要的角色。要想实现青少年心理健康教育的目标,教师和学生要密切配合,更新教育观念,优化心理健康教育的环境,建立一个健全合理的育人体制。总之,在心理健康教育的过程中要严格遵循系统性的基本原则,促进学生心理健康水平的提高。

四、目标性原则

心理健康教育是学校教育的一项重要内容,加强青少年的心理健康教育是尤为必要的。只有具备健全心理的青少年才能获得健康全面的发展。一般来说,青少年的心理健康教育主要包括人生观与价值观教育、人格培养、意志力培养等多方面的内容。在具体的教学过程中,要以以上内容为基本目标。

五、活动性原则

在具体的心理健康教育过程中,体育教师要讲究一定的方式和方法,避免呆滞死板、抽象说教,要以学生的特点和具体教学实际为依据,对学生进行渗透性的心理健康教育,逐步提高学生的心理素质。

六、发展性原则

任何事物都是处于不断地发展和变化之中的,同样,青少年的人格也在不断充实与完善,整体素质也在不断提高。因此,学校要与时俱进,采取多样化的手段与措施对学生实施心理健康教育,促进学生的心理健康发展。

七、平等性原则

学校在进行心理健康教育的过程中,教师一定要遵循平等性原则,用平等的态度对待每一位学生,尤其是那些心理上有一定问题的青少年。研究表明,在进行心理健康教育的过程中,教育者与受教育者之间建立一种相互信任的关系是营造和谐的心理教育氛围的前提,也是心理健康教育取得较好效果的关键之一。

八、保密性原则

保密可以说是对心理咨询与治疗工作者的一项基本而普遍的要求,也最能体现心理学工作者的职业道德。保密性原则同样适用于学校的心理健康教育,保密既是教育者与受教育者双方建立相互信赖的关系的基础,又关系到学校心理健康教育工作的声誉。

九、多样性原则

心理健康问题是复杂而多样的,因此,心理健康教育在形式上应该是灵活多样的,在内容上应该是开放的。为此,在实施心理健康教育的过程中,教师除了注意形式上要富于变化以外,还应注意鼓励、引导学生表达不同的内心体验、感受和看法,并充分肯定其合理性。

十、防重于治的原则

学校心理健康教育理应贯彻预防重于治疗的原则。首先是要在学校广泛开展心理健康教育工作,以保障大多数学生的心理健康。此外,还应注意加强对学生常见心理障碍的分析和研究工作,以及对个别学生的危机干预,以利于早期发现和早期诊治。

第四章　青少年心理健康教育的内容

面对急剧变化和迅速发展的现代社会,青少年成长的环境日趋复杂,身心健康受到来自各方面的负面影响,致使心理问题层出不穷,心理健康水平逐步下降,心理素质越来越令人担忧。因此,提高青少年学生的各个方面的心理素质,加强学校心理健康教育势在必行。

第一节　青少年的自我意识

自我意识是一个人在社会化过程中逐步形成和发展起来的,对自我以及自己与周围环境关系的多方面多层次的认知、体验和评价,是个体关于自我全部的思想、情感和态度的总和。

一、青少年自我意识的特点

(一)自我意识开始觉醒

自从迈入新的人生阶段后,青少年普遍开始把主要认知对象从客观世界转向自己的主观世界,并在探索自我、关注自我方面逐渐有了进一步的认识与看法。首先,他们对生理自我、心理自我以及社会自我三者之间的关系有了更加深刻与深层次的了解与认识。其次,他们在正确认识自我价值,努力实现社会价值方面有了更大的自信心。

青少年的这种自我意识的觉醒,并不等同于简单的"自我解放""自我奋斗"与"自我实现",同时也不能将个人需求与社会需要简单地分割开来。这里的自我意识觉醒涉及青少年多方面的统一。

(二)自我体验丰富而复杂

通常来说,青少年的自我体验是积极的和健康的,但同时也是丰富而复杂的,青少年由于处于特殊的时期,其生理和心理发育不完全成熟,所以,他们比较敏感,情绪也有一定的波动性。但凡涉及与自己相关的问题,常常会引起青少年出现一定的情绪反应。对别人的评价也比较敏感,比较喜欢将自己的情感掩埋于内心中,但内心的情感体验起伏比较大,比如在取得优秀的成绩时就容易产生积极的自我体验,有时还会忘乎所以。但如果遇到了一定的压力和挫折时,又往往自我体验非常差,情绪非常低落,内心体验起伏较大。

(三)自我意识水平存在年级差异

总体来说,青少年的自我意识水平比较高,但不同年级的青少年自我意识水平也存在一定的差异。研究表明,大学一、三、四年级的青少年自我意识水平相对较好,而大学二年级的学生自我意识相对较低,内心的矛盾冲突较明显,思想斗争也比较激烈,是大学时期最不稳定的一个时期,也是一个新的上升时期,有人认为这个时期是青少年自我意识发展的重要转折期。

(四)自我评价能力趋于客观

随着知识的增多和生活经验的丰富,青少年基本都能对自己进行客观、合理的评价。对自己的优缺点有了较正确的认识和评价,并能选择自己的长处进行发展,开始具备在自觉基础上的"自知之明"。大部分青少年对于自己的评价和外部对他的评价基本一致,在了解了自己之后,青少年能够更好地认识到自己的优缺点,从而更好地发展自己。当然,不得不承认,青少年自我评价的能力有很大的个体差异,也有一部分青少年还不能够正确地评价自己,因而出现很多问题。

(五)自我控制的能力提高

在大学时期,青少年的自觉性、坚持性、独立性和稳定性显著发展,自我控制的能力有很大提高,他们有强烈的自我设计和自我规划的愿望,绝大部分同学都奋发向上,并且根据自我设计目标自觉调节行为。

青少年自我控制能力的明显提高,还表现在他们的行为和目标能以社会期望、社会要求为转移。面对社会的期望和要求,青少年能对自己的目标及时进行调整,在掌握专业知识的同时,注重提高外语水平和计算机水平,注重培养各种能力,以便更好地适应社会,适应全媒体环境。当然,青少年自我控制水平还缺乏一定的稳定性,还须进一步发展和完善。

二、青少年自我意识教育

(一)正确认识自我

青少年正确地认识自我需要处理好下面三种关系。

每个人都是一座"金矿",关键是要真正地认识自我,有自知之明。的确如此,只有正确地认识自己,才能很好地处理自己与他人、自己与现实之间的相互关系,促进心理的健康发展。具体来说,通过健身锻炼,可以从以下几个方面来正确认识自我。

1. 通过他人来认识自我

心理学家库利于1902年提出了"镜中我"的理论,即通过他人对自己的评价来了解自己。这一理论给人们带来了很多的启示。确实,人们常常会从他人身上看到自己的影子,通过他人的看法来更好地认识自己是一种非常有效的方法。因此,通过积极地参与体育健身锻炼,在健身中不断丰富自己对自然、社会和他人的认知,可以学会从他人对自己的看法中客观地看待自己,认真地分析自己,对自己有一个清晰的了解。

2. 通过社会比较了解自我

美国社会心理学家菲汀格指出,个体对于自己的评价是通过与他人的能力和条件的比较而确定的,这是一个社会化过程。这就引出了社会比较一说。进行有效的社会比较,需要打开自我信息通道以此来保证信息渠道的畅通无阻,也就是说每个人要积极参与到各项社会活动当中去,同时在此过程中做自我观察的有心人,进而积极主动地搜集并整理有关自我的信息。通过参与健身锻炼,相当于参加到一个与人接触、与社会接触的环境中,从而不断地进行一定的比较,从而更加深刻地了解自我。

3. 通过自我评价与反思认识自我

自我评价和反思就是指通过对自己外部行为表现进行评价,并实施一定的反思。通过自我评价来认识自己,应该制定健康、正确的自我评价参照标准。具体来说,自我评价参照标准不应是片面的、割裂的,而是全面的;不应是消极的、负面的,而应当是积极的;不应是静态的、固定的,而应是动态的、持续变化的;不应是盲目从众的,而应当是适合每个人实际发展情况的。

在参与健身的锻炼中,通过对自身形体、运动能力进行一个科学的自我评价和认识,可以更加全面地认识自我。

(二)勇敢悦纳自我

悦纳自我就是无条件地接受自己的一切,包括好的方面和不好的方面、成功的方面和不成功的方面;认识到每个人都是独特的,接纳自己的缺点和局限,同时欣赏自己的优点。

1. 积极悦纳自我的表现形式

(1)自尊。自尊是一个人尊重自己,对自己持肯定态度的情绪体验。这里的尊重包括尊重自己的言行和人格,维护一定的荣誉和社会地位。当然,青少年的自尊心通常分为两种,一种是内在价值感的自尊心,即不把外部成就视为自尊的唯一指标,不在短暂的成就中迷失自己;另一种是缺乏内在价值感的自尊心,即把外部成就当作自尊的唯一标志,自尊心非常容易受外部事物影响,总是怕失败,怕自己没有面子。积极悦纳自我的青少年拥有的肯定是第一种自尊心。

(2)自信。自信是成功的第一步,自信心对于一个人的成长很重要。它具体指一个人对自己的充分肯定。自信推动人的心理与行为向积极的方向发展。青少年拥有良好的自信心,有利于他们的学业发展,有利于他们的心理健康,还有利于他们潜能的开发。不过,如果自信心过强可能会使人变得自高自大、自傲自满,这不利于与他人的友好交往和自身的健康发展。当然,过度不自信,就可能陷入自卑的阴影,使自己不能客观地评价自己,影响自己才能的发挥,或者导致其他方面的心理问题。因此,恰到好处的自信心才是青少年积极悦纳自己的表现。

(3)自爱。自爱是指自己爱护自己、尊重自己。一个积极悦纳自我的人,必定是一个自爱的人。其对自己有客观而正确的认知,同时知道如何保护自己,充实自己,让自己的能力得到不断的提高。

2. 积极悦纳自我的策略

(1)接纳自己。任何一个人身上难免存在一些不完美的地方。青少年要能正确认识自己,对自己充满信心,有价值感、自豪感、愉快感和满足感;应该实事求是地承认自己的价值,每个人身上都有闪光之处,潜藏着大量待挖掘的能量;维护自己的自尊心,调动一切积极因素,发挥自己的潜能。"天生我材必有用",每个人都有他存在的价值,不必苛求自己做个十全十美的人。如果青少年不能接受自己,保持自己的本性,将会失去自己。

(2)保持积极的心态。青少年要性情开朗,对生活乐观,对未来充满憧憬。一个人的心态很重要,因为它可以改变命运。青少年不管处于什么样的境地,都不要迷失自己,而要保持清醒的头脑,拥有一个良好的心态。在一种充实、愉悦的心境中,消极的情绪容易被释放与抵消,面对压力与挫折,也更能主动地去面对,并采取积极有效的方法去解决问题。

(3)树立远大的理想。青少年要树立远大的理想,并以此激励自己不断克服消极情绪。青少年要敢于树立远大的理想和抱负,有大志向、大抱负的人,才会关注大事,把全部的精力集中于自己的目标上,才有可能获得大的成就。青少年要确立一个值得自己去奋斗、去竞争的目标,培养"你行,我也行"的心理。人有了生活的动力和目标,就容易接受自己、肯定自己。

(4)进行积极的心理暗示。心理暗示是用含蓄、间接的方式,对别人的心理和行为产生影响。暗示作用往往会使别人不自觉地按照一定的方式行动,或者不加批判地接受一定的意见或信念。心理暗示的作用是巨大的,不但能影响人的心理与行为,还能影响到人体的生理机能。因此,消极的暗示能扰乱人的心理、行为以及人体的生理机能,而积极的暗示能起到增进和改善的作用。每天给自己一个积极的心理暗示,犹如在自己的心田播下一粒良种,在适当的时机,它自然就会生根发芽、开花结果。

　　心理学家马尔兹说:"我们的神经系统是很'蠢'的,你用肉眼看到一件喜悦的事,它会做出喜悦的反应;看到忧愁的事,它会做出忧愁的反应。"因此,当你习惯地想象快乐的事,你的神经系统便会习惯地令你处在一个快乐的心态。

　　要进行积极的心理暗示,可以学会三句话:第一句是"太好了",遇到问题从积极的角度去考虑,受到挫折时能以良好的心态去承受;第二句是"我能行",帮助自己努力发挥潜力,自信、自强、尽快自立,开拓创新;第三句是"请让我来帮助你",学会生存,学会关心他人,帮助他人。学会微笑,让自己的生活充满微笑。有心理学家认为,人是因为笑而快乐。如果你表现出笑的行为来,你就会感觉到微笑的心境。每天抽几分钟时间,对着镜子,用感激之心看着镜中人,然后给他一个甜甜的微笑,你会发现心情豁然开朗。①

　　(5)积极进行人际交往。积极的人际交往有助于青少年建立健康的自我。青少年应该扩大人际交往的范围,多接触一些人和事,使自己的生活更加充实。在交往中,由于自己的热情与爱心,使得自己容易被他人所接纳,而一个被别人接纳的人也就更容易接纳自己。

　　(6)超觉静坐。超觉静坐是一种简单、易行、自然且毫不费力的静坐技术。练习者体验到思想过程愈来愈宁静,直到一种完全静止的精神状态。在这种状态中,注意力超越了日常思想水平,或超觉了。超觉静坐的名字就是由此而来的。

　　超觉静坐的四大要素:第一,静坐的内外环境均须安静。内环境指个人的心境,外环境则指己身所处的物理环境。第二,静坐时必须有一个供做心向专注的目的物。该目的物可以是重复的一个单字或一种声音,也可以是一个抽象的图形。第三,静坐时必须保持被动的心态。摒除一切杂念,要心如止水,无所思,无所欲,静候心灵波动的自然起伏。第四,保持身心安适。静坐者应永远遵循的八字诀是:轻松、舒适、安静、自然。

　　超觉静坐的步骤:第一,在安静的房间内,盘腿坐在褥垫上。房间的灯光必须柔和,不易太亮。第二,闭上眼睛。第三,尽量放松全身肌肉,尝试先从脚部开始,然后由下而上,一直放松到头部。第四,用鼻子呼

---

　　① 彭晓玲,柏伟.大学生全程全面心理辅导[M].北京:清华大学出版社,2008.

第四章 青少年心理健康教育的内容

吸,并使自己感觉到空气从鼻孔出入。在每次呼气时,心中默数"一"。如此连续进行 20 分钟后,自行停止。睁开眼睛看看时间(预计每次 20 分钟),但切记不用闹钟。之后,再闭上眼睛休息一两分钟。一段练习,即告停止。第五,只要保持练习,不求急功,不必担心是否有进步。身心一时不能随心所欲达到深度放松的目的也不必着急。只要继续练习,继续遵守前述第四要素的八字诀,最后终会获致静坐的效果。第六,每天练习一次或两次,但练习时间必须在饭后两小时。[①]

(三)有效控制自我

自我控制是人主动地改变自己的心理品质、特征及行为的心理过程。青少年要做到有效地控制自我,应注意以下几点。

1. 目标要适宜

由于社会发展的需要,青少年应该树立远大的目标,将自己的目标与社会的发展需要统一起来。但需要注意的是,每个远大目标的实现都是在一个个小目标实现的基础上完成的,为此,青少年也要制定一些小而具体的目标,一步步地实现自己的远大目标。

2. 实现目标要有恒心和信心

任何一个目标的实现,都需要以坚强的毅力作为保证。如对目标认识的自觉性和主动性,实现目标的恒心和毅力,克服困难的信心和决心,对成功的正确态度和较强的挫折耐受性等。青少年的这些心理品质都处在发展过程中,因此,要特别注意增强自我控制的自觉性、主动性,将社会的需要转化为主观上实现理想我的内部动机。

3. 进行自我批评

可以从以下几方面来进行自我批评。

第一,进行自我反省,看到自身存在的不足,从而使自己成为更好的自己。

第二,自责。对于某些失败的事情,首先应该从自身寻找原因,以免

[①] 李辉,符明弘,李红,等. 教师心理素质训练[M]. 北京:科学出版社,2012.

后期出现同样的后果。

4. 进行自我监督

对自己进行检查、督促,包括以下几方面。
第一,自知,正确评价自己,不卑不亢。
第二,自尊,要有个人自尊心和民族自尊心。
第三,自勉,鼓励自己成为对社会有用的人。
第四,自警,暗示、提醒,克服不良的心理习惯。

5. 进行自我调节

通过自我疏导,使自己从矛盾、苦恼、冲突、自卑中解脱出来,包括以下几方面。
第一,自解,自我疏导,不自寻烦恼,不折磨自己、惩罚自己。
第二,自慰,自我宽慰自己,知足常乐,淡泊名利,承认差距,降低欲望。
第三,自遣,自我消遣,通过其他事情分散或转移注意力,如美食、郊游、看书、书法、绘画等。
第四,自退,设身处地地退一步想,退一步海阔天空,降低标准,转移方向,另辟蹊径。

(四)积极完善自我

社会是不断发展变化的,因而一个人的自我意识也要顺应环境的发展变化而与时俱进,不断完善。一个人必须在认识自我、接纳自我的基础上塑造新的自我,超越现在的我,进而逐步走向完善。当然,每个人进行自我完善必须是建立在实践活动的基础上,可以从下几个方面进行。

1. 找到自我与社会的理想契合点

一个人自我意识发展的欠缺,通常主要是因为找不到自我与社会的理想契合点。而这一契合点主要是在一定的社会实践活动中寻求。因此,人要积极地去参加一些社会实践活动,使自己在活动中正确处理自我价值与社会价值的关系,正确处理"自我设计"与社会需要的关系,增强他们的社会责任心与使命感。

2. 培养自身归属感

归属感能够使一个人从心理上产生一种满足感、安全感以及一种情感寄托。一个人的归属感越强,其自我认识也就越健康、合理以及肯定。因此,要注意培养一个人的归属感。

3. 设立超越自我的目标

超越自我应当是一个人终生努力的目标。为了实现这一目标,每个人应当不断提高对自己以及周遭人或物的认识,从而不断明确自己应该成为什么样的人,并努力培养自己的奋斗意识。

在进行体育健身锻炼的过程中,本身就是一种不断进行自我完善的过程,通过健身锻炼,可以很好地促进自身体能和技能的不断提高,在健身过程中,设置一个自己不断追求的目标,从而不断提升自己,完善自己。

第二节 青少年的人格发展

人格是一个丰富而复杂的心理成分,是伴随人的一生不断成长的心理品质。人格是在遗传的基础上和社会实践中得以形成的,主要表现在人际关系上。一般认为,对社会生活适应良好的被视为正常人格,而适应不良的被视为不良人格。

一、青少年的人格特征

青少年正处在身心急剧发展和自我意识分化的特殊时期,因此大学阶段仍然是青少年人格不断发展的重要时期。概括来说,青少年的人格特征主要包括以下几方面。

(一)能正确认识自我

第一,能认可自己,基本上能接受一切属于自己的东西,努力形成对自己积极的看法。

第二,能够客观评价自己,对自己的优势与缺点比较了解,能够理解现实自我与理想自我之间的差别。

第三,有明确的奋斗目标和愿望,能够为之付诸实践。[①]

(二)具有创造性和竞争意识

有事业心和进取心,有责任意识,具有竞争意识,具有开放性的思想观念,包容不保守,喜欢创造、勇于创新、甘冒风险、独立性强,富有幽默感。

(三)适应能力较强

对外部世界有着浓厚兴趣,人际交往方式与范围扩大,有广泛的活动范围和兴趣爱好,积极参与多种形式的社会实践,接受不同的价值观念与信念差别,能够具体问题具体分析。

(四)智能结构健全合理

具有良好的观察力、记忆力、思维力、注意力和想象力,各种认知能力有机结合并发挥其应有作用,没有认知障碍。

(五)情感饱满适度

青少年乐于表现自我,能够用适当的方法宣泄不良情绪;但也有部分青少年在情感表达中过分强调主观意愿和内心体验,缺少理性思考,表现为情绪化。

二、青少年人格教育

(一)促进人形成良好的性格与气质

要塑造健全的人格,首先应当对自己的性格与气质类型有充分的了解,以便明确自己性格与气质方面的长处与不足;其次应积极主动地制定一些计划和目标,从而有意识地去塑造自己良好的性格与气质。

通过健身锻炼,可以促进一个人形成良好的外在气质,在性格方面,

---

① 郭朝辉,谢大欣,邓猛. 大学生心理健康教育[M]. 北京:科学出版社,2014.

同样也会磨炼人的脾气和性格,这是体育运动的一个重要功能,也是人们喜欢健身锻炼的一个重要原因。

(二)树立正确的人生观

人生观是支配人的行为、态度、理想和信念的内在动力。没有正确的人生观,其人格也将偏离正常的轨道。因此,要十分注重正确人生观的树立。在体育世界里,特别是在奥林匹克运动中,我们常常可以感受到竞技运动员不断追求真、善、美的过程,这是一种非常正确的人生观,人们在参加健身锻炼的过程中,往往也会感受到体育运动的魅力,从而不断树立正确的人生观。

(三)培养良好的习惯

青少年健全的人格往往反映在他们的一言一行上。因此,培养良好的行为习惯也是培养健全人格的关键策略。古人云:"千里之行,始于足下。"青少年要认识到,良好的习惯不是一蹴而就的,需要从小事做起,经过长期的努力来达到。例如,青少年可从清洁卫生、整理房间、按时作息等小事做起,来培养自己的良好习惯。

(四)培养独立精神和创造能力

具有健全人格的人常常是独立的人。毕竟独立的人可以最大限度地发挥自己的潜能,相信自己有能力改变生活,相信可以通过自己的努力来改变困境,使自己朝更好的方向发展。因此要培养青少年的独立能力。独立能力的培养应重点做到以下三点:一是"自己的事情自己做";二是不会做的事情学着去做;三是遇到困难时不退缩,想办法自己解决。

此外,具有健全人格的青少年还应当富有创新精神。因此,青少年要勇于探索,勇于开拓,敢于尝试新事物,不受传统观念的任何束缚,崇尚理性和科学,让自己具备较强的创新能力。

(五)培养团队协作意识和能力

拥有较强的团队协作意识和能力,能够使他们更容易适应社会,更容易获得和谐的人际关系,更容易充分发挥自己的潜能。因此,培养合作能力和团队意识可以帮助一个人塑造良好的人格。培养团队协作意识和能力,可以从以下几个方面做起。①

(1)保证团队内沟通渠道的畅通,使得每个人觉得沟通是工作中的一部分,不会存在任何障碍。

(2)以团队而不是以个人表现为基础进行奖励,促使成员产生一种以团队为核心的合作观念。

(3)为团队成员自我价值的实现提供便利的条件。

(4)提高每个团队成员的参与意识,使每个成员都充分发挥自己的聪明才智。

(5)营造良好的合作氛围,让成员学会尊重他人、信任他人。

(6)通过增强团队的凝聚力来使团队成员拥有强烈的归属感。

在健身锻炼中,可以很好地融合和实现上述几个方面的目标和功能,人们在健身锻炼中,往往是需要健身团队的,在这个过程中,需要不断增强自身的团队协作意识和能力,从而完善自己的人格。

(六)不断树立良好的榜样

对于青少年来说,依然具有模仿这个特质。因此,要重视榜样在青少年人格塑造中的作用。首先,家长和教师要在日常生活中严格要求自己,当好青少年的榜样,潜移默化地影响青少年的人格朝良好的方向发展。此外,青少年自己可以选择电视、电影、戏剧、文学书籍中具有高尚品德和健全人格的人物作自己的榜样,以此来激励自己塑造自身的健康人格。

第三节 青少年的人际交往

人总是生活在一定范围的人际关系中。在现代社会中,人际交往能力已经成为衡量青少年个人能力的一项重要标准。大学是青少年的人际关系走向社会化的一个重要转折时期,青少年主要活动都是在交往的

---

① 范朝霞,毛婷婷. 新时期大学生心理健康问题与对策探究[M]. 北京:中国书籍出版社,2017.

过程中进行和实现的,其身心的健康成长和各种能力的发展都与人际交往有着密切的联系。在现代社会中,由于不端正的交往态度、不恰当的交往方式及缺乏交往技巧等原因,一些青少年的人际关系处于较差的状态,甚至对其正常生活造成不良影响。因此,青少年必须注重提高自身的人际交往能力,营造健康的人际关系氛围。

一、青少年人际交往的特点

人际交往是指个体与周围人之间一种心理和行为的沟通过程,是人类社会活动的重要内容和形式,是人类社会的本质特征。不管愿意与否,每个人都要与其他人发生千丝万缕的联系。明确人际交往概念的含义,划清它与相关概念的界限,完整、准确把握其实质等对于提高人们对人际交往重要意义的认识,开展健康、有益的人际交往活动具有十分重大的意义。

作为一个特殊的群体,青少年的人际交往具有显著的特点,概括来说主要包括以下几方面。

(一)人际交往的迫切性

青少年已自觉意识到了良好的人际关系对于学习和生活的重要性,他们不愿意把自己封闭在一个狭小的个人小圈子里,而是迫切希望能够建立良好的人际关系。处于青春期的青少年,随着青少年生理、心理的逐渐成熟,他们的交友需要日益迫切;入学后环境的改变使得他们有迫切适应新环境、结识新朋友的需要;另外,择业的自主性也使得当代青少年有迫切与人沟通、多方面获取信息的需要。与此同时,青少年思想活跃、精力充沛、兴趣广泛,有充裕的时间去思考交往,富于理想情感,对友谊的珍惜与渴求,以及青年人情感丰富的心理特点,使青少年在人际交往中十分注重感情的交流,讲求情投意合和心灵深处的共鸣。

(二)人际交往的理想性

青少年对人际关系的追求往往带有较浓的理想化色彩,无论交往对象是谁,他们都希望交往不带任何杂质,也以理想的标准要求对方,一旦发现对方某些不好的品质就深感失望。

(三)人际交往的平等性

青少年期待交往的双方彼此尊重,相互容纳;不能接受一方委曲求全,一方居高临下。即使是师生,他们也期待对师长的尊重得到师长平等的回报。实践证明,平等交往的需求使得那些谦和、真诚、善解人意、通情达理、乐观向上的人成为青少年乐意交往的对象。

(四)人际交往的情感性

青少年的人际交往通常相对较为纯洁、坦诚。在青少年的交往动机中,很少有功利性趋向,大多数有较多的情感性。例如,有一项关于青少年交友原因的调查研究。其结果显示:有51%的青少年认为交朋友主要是谈得来;42%的青少年认为是有较多的感情因素;而只有7%的青少年则强调是为了达到一些目的。由此可见,青少年的人际交往十分注重情感需求。他们向往真诚、纯洁的友谊,注重情感的沟通、交流,并且是为了自己获得情感上的满足。当然,这种情感需求不仅有消除孤独、寻求友谊的需求,同时也有与异性交往,获得爱情的需求。[①]

(五)人际交往的不成熟性

处于青年时期的青少年虽已具备了成年人的体格及种种生理功能,但其在家长的过度保护下,涉世未深,心智尚未成熟。

(六)人际交往范围的狭窄性

青少年的人际交往在四年期间,绝大多数是在学校范围内,只有在选择职业时才较多接触到社会上的用人单位。虽然学校经常强调学生要参加社会实践,而实际上真正参加社会实践,能与社会各阶层的人交往的还是少数学生,所以青少年在交往范围上具有狭窄性的特点。

(七)与异性交往的强烈性和拘谨性

青少年正处于青春发展的高峰期,尤其是性心理逐步趋向成熟。他

---

① 白芳.学生本位视角下大学生教育管理与实践探索[M].北京:中国水利水电出版社,2019.

们在心理上产生了与异性交往的兴趣与愿望,并不断增强,他们希望了解异性,得到异性的理解、尊重和爱慕。但在实际男女生的交往中,多数学生行为显得很拘谨,不能落落大方,怕人说闲话,因而制约了男女间的正常交往。

二、青少年人际交往教育

(一)社交恐惧的调适

恐惧是指个体企图摆脱、逃避某种情景而又无能为力的情绪体验。在人际交往中,恐惧心理主要表现为:害羞、脸红、说话紧张、害怕与人交往等。

社交恐惧心理一般分为两种:一种是气质性恐惧,即抑郁气质类型的人,主要表现为生性孤僻,害怕与人交往,常常怀有一种胆怯的心理;另一种是挫折恐惧,即遇到突发事件后产生的恐惧心理。

青少年产生恐惧心理的因素较多,一般而言,一方面是因为社会实践少,缺乏锻炼,在交往中因为太担心表现不好会被人取笑而心理失衡;另一方面是因为对自己缺乏自信,自尊心太强,太想成功而不愿失败,最终导致社交恐惧心理。

概括来说,青少年可以通过以下几种方法来对社交恐惧进行调适。

第一,要正确看待人际交往。青少年害怕交往主要是因为对交往缺乏正确的认识,任何一个人都不是完美的,所以不必对自己有太大要求,不必要求自己事事得体,处处大方,要以一种平和的心态去与人交往。

第二,期望值不可过高。想要与人建立关系时,不要期望一蹴而就,要注意克服自卑心理,先从与自己熟悉的人交往中获取良好的交往经验,再适当推广至和一般朋友、陌生人的友善交往,最终战胜社交恐惧。

第三,适当运用自我暗示法。在交往中,当恐惧来临时,可以用言辞进行自我暗示。例如,"我不害怕""我能行""我不比别人差"等话语。这种方法能够有效消除人际敏感,摆脱那种过多考虑别人评价的思维方式。

(二)人际冲突问题的调适

青少年在与他人产生了人际冲突后,需要采取必要的措施进行有效解决。

1. 青少年人际冲突解决的原则

青少年人际冲突解决的原则,具体来说有以下几个。

(1)保持冷静。当冲突可能要发生或已经不可避免地发生了,此时,保持冷静有助于更好地解决冲突。纽约大学阿鲁比、巴斯等教授曾经用了7年的时间寻找10000件冲突事件的个案,结果发现多数人在争辩过程中,常常不自觉地犯的一种通病就是对他人进行人身攻击,使对方受到很大的伤害,从而加剧了冲突。

(2)积极沟通。社会心理学家认为,人际交往就是人与人之间相互沟通、相互知觉、相互影响的过程,沟通与相互作用被看成人际交往的两个基本特征。正因为如此,积极沟通才成为解决人际冲突的一般原则之一。当然,如何与人进行沟通还存在一些人际交往的技巧方面的问题。①

(3)求同存异。人际冲突并不都是由不公平引起的,有时候,人与人之间的冲突只是由于意见有分歧而已。特别是当人冲突是由于意见分歧而引起的时,求同存异应该成为解决冲突的首要原则。

2. 青少年人际冲突解决的步骤

对于青少年来说,要顺利解决人际冲突,可以遵循以下步骤。

第一,相信一切冲突都是可以理性而建设性地获得解决。

第二,客观地了解冲突的原因。

第三,具体地描述冲突。

第四,向别人核对自己有关冲突的观念是否客观。

第五,提出可能的解决冲突的方法。

第六,对提出的办法逐一进行评价,筛选出最佳的解决途径,最佳方法必须对双方都最有益。

第七,尝试使用选择出的最佳方法。②

第八,评估实现最佳方案的实际效应,并按照给双方带来最大利益

---

① 陈方,李小光. 现代学校心理健康教育原理与应用[M]. 北京:中国水利水电出版社,2014.

② 熊建圩. 大学生心理健康教育教程[M]. 天津:天津大学出版社,2011.

和有利于良好人际关系维持的原则给予修正。

坚持解决冲突的一般原则并按照具体步骤实施,可以较好地解决人际冲突,即使是自我中心者和情绪调控力较差者,遵循上述原则建立相应的人际关系也可以起到较好的效果。当然,上述原则和一般步骤只是更好地适应大学人际关系的前提,自我中心者应该正确认识他人与自己的关系,认识到人际交往的自我价值保护原则;而情绪调控力差者则应更多地学习调控情绪的方法,这样才能更好地促进自己的人际沟通与交流,建立良好的人际关系,避免人际适应不良的产生。

(三)交往偏执问题的调适

一般而言,青少年可通过以下几个措施来调节自己的交往偏执心理。

第一,要学会接纳宽容异己,对那些与自己不同的人和事,要学着去理解。

第二,要主动与他人交流看法,在这一过程中可以争论,但目的应放在解决问题上,而不要总想着以击败对方为快。

第三,要学会制怒,不顾后果的激怒往往葬送掉友谊、爱情。

第四,要培养幽默感,学会轻松地看待人生,参与生活。

(四)沟通不良问题的调适

对于青少年来说,要解决沟通不良的问题,首先要对沟通建立正确的认知。从沟通的方式来看,人们可以用语言方式沟通,也可以用非言语方式进行沟通,而且非言语沟通方式的作用是不可忽视的。

此外,青少年要想克服沟通中的障碍,实现成功的沟通,还要注意在不同的场合选择不同的交往方式和技巧。具体而言,青少年可以利用的解决沟通不良的交往技巧有以下几个。

1. 学会妙用微笑

微笑是人际交往中的表情运用。心理学家的多次实验结果证明,一个人最受别人欢迎、最容易让人接近的个性特征是"热情"。热情的人一般都拥有很多的朋友,而内心冷漠,常常板着一副冷面孔的人,则很容易使人敬而远之。微笑是热情的标志,是友善的信号,它可以使初交者感到亲切和友善,使朋友间体味到信任和支持,也会使对立者感受到谅解和宽容。但微笑必须真诚、自然、发自内心,而不是强颜欢笑或虚伪地笑。微笑还要根据时间、场合恰当地使用。

2. 学会赞美别人

美国哲学家詹姆士认为,"人类本身最殷切的需要是被肯定",赞美能够释放出一个人身上的能量,调动人的积极性。实验心理学对酬谢和惩罚所做的研究表明,受到赞扬后的行为,要比挨了训斥后的行为更为合理、更为有效。真心诚意、适时适度地赞美对方,往往能有效地增进彼此的吸引力,因为人们欢迎喜欢自己的人。赞美别人,首先要学会真诚地去看待他人,还要学会在别人的行为中看到其内在的优良品质。要学会适度地赞扬别人的优点,要学会在正确的时间用正确的方式赞美别人。

3. 学会交谈

交往常常从交谈开始,不善交谈的人,往往感到难以与人交往,发展友谊。青少年在交谈时要注意以下几点。

第一,交谈时态度要诚恳、适度,不可过于恭维或过于傲慢。

第二,谈话要注意用词的准确和通俗,语言自然流利,显示善意。

第三,交谈时说话注意场合。

第四,交谈时要注意礼貌。不宜自己滔滔不绝,不给对方讲话的机会;不宜心不在焉或东张西望、做小动作,目光要注视对方等。

第五,尽量不说对方没兴趣的话题,若对方说的话题自己没有兴趣,可巧妙地转移话题,不宜直截了当地用语言、表情或动作表示没兴趣。

第六,可根据谈话内容运用手势、身姿、表情等来表达自己的思想感情,但要恰到好处,不可过于频繁,更不能手舞足蹈。[1]

4. 学会聆听

聆听就是在青少年的人际交往中,专心听取对方讲话,适时给予对方回应的方法和技巧。在聆听时要注意以下几点。

第一,要认真地听。对对方所说的话要认真地听,在倾听过程中要身心专注,不插别的话题,一边听,一边品味。不能东张西望,或者"顾左

---

[1] 李汉华. 大学生心理健康教育[M]. 北京:北京理工大学出版社,2011.

右而言他"。

第二,不要随便打断别人的话。打断别人的话是一种不礼貌的行为,也是缺乏个人修养的表现,因此在倾听时要切忌打断别人的话,这样会让别人觉得很扫兴,也会使对方觉得没有受到足够的尊重。

第三,要积极反馈,适当提问。倾听并不等于一句话也不说,在适当的时候要积极反馈,这是倾听的重要组成部分。适当提问可以增进自己对对方所谈及内容的理解,但提问时要尽量避免干涉性或盘问式的提问。①

5. 学会培养自己的幽默感

在使用幽默的时候,尤其要注意其原则,牢记使用幽默的原则可以使幽默发挥更大的作用。要记住,幽默不是讽刺,不是蔑视,更不是油嘴滑舌。在运用幽默的时候,尽量不要用到别人的缺点。

(五)交往戒备问题的调适

在人际交往中,适当的戒备是必需的,但过分的戒备心理则往往会对青少年的人际交往造成不利的影响。因此,必须想办法调节自己,尽力克服戒备心理带来的不利影响。具体来说,青少年可通过以下几个措施来调节自己的交往戒备心理。

1. 要培养自己的自信心

戒备是自信心不足的一种表现形式,因为自信心不足,不相信自己能够保护自己、能够与人友好相处、能够与别人建立良好的人际关系,自然会忧心忡忡,左担心、右戒备。只有充满信心地与人进行交往,才不会过分地担心别人对自己别有企图,才不会对交往充满恐惧。

2. 要对戒备心理有正确的认知

了解戒备和多疑对个体人际关系的负面影响:由于对他人过分怀疑和戒备,不能以真心与他人交往,在碰到需要与他人交往的情境时,往往顾虑重重,产生交往恐惧。有强烈戒备心理的人往往不够自信,害怕别

---

① 熊建圩,潘华,龙勇,等. 大学生心理健康教育[M]. 北京:北京理工大学出版社,2015.

人对自己指责,害怕别人在与自己的交往过程中获得某种利益,不能坚持公平互惠原则,不能形成良好的人际关系。

3. 要积极参加集体活动

人际交往过程中,人们由于受到主客观条件的限制,往往难以全面地看问题,常常因各种偏见的影响而造成歪曲的人际知觉,形成交往戒备心理。因此,青少年多参加集体活动,彼此多交往,积极沟通思想,增进相互了解,澄清事实,是消除交往戒备心理的有效方法。

4. 要学会适当地自我暴露

人们常常喜欢与自己比较了解的人交往。社会心理学的研究表明,交往双方心理的公开区域越多,则其交往越深入。因此,适当地自我暴露,坦诚地向交往对象透露自己的某些秘密,可以促进良好的人际关系的形成,也可以使自己的戒备心理在一定程度上得以缓解。然而,也不是暴露得越多越好。如果把自己的一切暴露无遗,反而会让对方小看自己,从而阻碍人与人之间的交往。一般而言,在进行自我暴露时,应注意遵循两条原则。

第一,自我暴露的安全律,即与人初交不宜暴露过多、过深,只进行表层次的自我情况的介绍。

第二,自我暴露的对等律,即自我暴露的层次应与交往对象自我暴露的层次基本持平,逐渐深化双方关系,不能不等对方做出相应反应就彻底地将自己暴露无遗。

5. 要积极、全面、正确地认识人际关系

对人际关系有一种积极、全面、善意的认识,是进行良好人际交往的基础和前提。如果把人与人之间的关系视为尔虞我诈或虚伪、冷漠、不可信任等,那么这种偏见、先入为主或刻板效应就会影响正常的人际交往。因此,青少年要努力加强理论和文化修养,增强集体观念,学会全面、辩证地分析问题,正确看待人际关系,这样就可以大大减少人际交往中的认知偏见。[1]

---

[1] 刘明,李富民. 心理健康教育及学校暴力犯罪防范[M]. 北京:社会科学文献出版社,2005.

(六)交往报复问题的调适

报复心理在青少年的人际交往中有不同程度的存在。不难发现,在社交中好用报复举措的人多半是心胸狭窄、脾气暴躁,即文明水准较低的人,他们常把战争中的"以牙还牙"和法律上的"正当防卫"移植到朋友间的人际交往中来,实在是不可取的。如不注意克服,任其滋长,必然会导致严重后果。对于青少年而言,可通过以下几个措施来克服自己的交往报复心理。

1. 学会忍耐和克制

人们在确实受到伤害时,只能有两种态度,一是反击,亦即报复;二是忍耐,自我克制。在正常的人际交往中,一般极少出现大的伤害,多半是一些有悖于文明礼貌和出言不逊所引起的心理伤害。受到一点伤害的人也应尽量忍让、克制。"海纳百川,有容乃大",学会宽容,高姿态、大度量,从团结共事的愿望出发,化干戈为玉帛,争做人际交往的贤达雅士。

2. 正确认识自己所受的伤害

青少年在实施报复行为之前,要冷静考虑一下,自己到底是不是受到伤害,伤在哪里,是不是自己过于敏感或多疑,有无报复的必要和价值。这样也许有助于延缓报复行为的实施。

3. 正确分析别人对自己的伤害

即使是伤害,也要加以分析,弄清楚别人是有意伤害还是无意伤害,是偶然伤害还是蓄意伤害,是故意伤害还是附带伤害,是严重伤害还是轻微伤害等。

在报复行为实施之前,不妨仔细想想,通过报复,除了或许能从中体验到报复本身所带来的所谓"快感"并给对方造成危害外,还能得到什么呢?在唇枪舌剑、"刀来箭往"的搏击中自己会不会受到再伤害呢?后果是什么?会不会形成打架斗殴而造成出乎意料的恶果呢?古人说"饶人不是痴汉,痴汉不会饶人""忍得一时之气,了却百日之忧",这很值得青少年记取。[1]

(七)交往猜疑问题的调适

猜疑会导致人际交往无法正常进行,因为猜疑者会在人际交往中一味地以自己的方式对待别人,会伤害他人感情,无事生非,同时也会使自己处于不良的心态之中。可以通过以下几种方法来对猜疑心理进行调适。

1. 培养自信心

自信心是对自己实力的认可,也是必胜的信念,自信心的培养有助于看到自己的希望并转移对别人的胡乱猜疑。

2. 强化事业心

一个致力追求事业的人,在现实中是不会为人际关系中的一些琐事而自寻烦恼的。相反,事业心较差的人,终日无所事事,极易萌生猜疑之念。

3. 学会识别人

有猜疑心的人常常不信任别人,这种不信任一方面是客观上不了解别人,另一方面是主观上不愿意了解认识别人。所以,主观上要多与周围的同学、教师乃至亲朋好友接触,在交往中学会观察、了解、识别他人,并结合间接了解得到的信息,可以得到较为全面客观的评价。

4. 学会自我调剂

人生漫长几十年,与他人产生误会、遭到别人的非议和流言是在所难免的事情,不必大惊小怪。如果过分拘泥于一些生活琐事,那么岂不是要徒增许多烦恼。

5. 改变认知思维方式

猜疑者往往凭感情用事,一旦怀疑别人时,冲动的情绪就会使他只

---

[1] 王金云,张静,宋大成,等. 大学生心理健康教育与训练[M]. 北京:电子工业出版社,2015.

能看到单方面的信息,强化错误推测。因此,可以试着改变自己的认知思维方式,一方面,遇事不要主观臆断,先入为主,而应告诫自己先观察,收集正反两方面信息后再分析、判断,得出结论。另一方面,要善于用事实检验论断,对照事实反思已发生的认知思维过程,并给予矫正。

第四节 青少年的情绪管理

青少年正处于青年期,情绪波动较大,情感体验复杂而丰富,经常会面临着各种各样的情绪困扰。因此,了解情绪的特点,认识情绪异常的表现,把握情绪调适的方法和途径,对青少年实现心理健康的目标具有积极意义。

一、青少年情绪的特点

大学时期是一个人心理成熟的关键时期,同时也是情绪丰富多变的时期,这一时期青少年的情绪主要有以下几个重要特点。

青少年正处于生理、心理及思想急剧变化发展时期,是一个非常关注自我、注重个性表达、情绪体验丰富、情绪波动起伏、自身尚不成熟以及性格不稳定的年龄阶段。该阶段的青少年情绪上有其自身特点,主要体现在以下几个方面。

(一)外显性和内隐性

一般情况下,青少年的很多情绪是一眼就能看出来的,具有外显性,但随着他们自控能力的不断增强,他们在某些场合和特定问题上,有些青少年会隐藏或抑制自己的真实情感,有时会表现出内隐、含蓄的特点。另外,随着青少年社会化的逐渐完成与心理逐渐成熟,他们能够根据特有条件、规范或目标来表达自己的情绪,使得自己的外部表情与内部体验不一致。

(二)冲动性

青少年由于生理和心理等发育还不完全成熟,缺乏一定的社会阅历,所以对外界事物比较敏感,在遇到外界的强烈刺激或突发事件时情绪容易被激发,很容易感情用事。青少年情绪的冲动性一般表现为对外部环境或他人的不满,情绪失控,语言、行动极富攻击性等。

(三)丰富性

青少年情绪丰富性的特点主要表现在以下几方面。

第一,从自我意识的发展而言,青少年表现出较多的自我体验,而且自我尊重的需要强烈,容易产生自负、自卑等情绪。

第二,从社交方面而言,青少年的交际范围广,与同学、师长之间的交往更加丰富,有的学生还开始体验到恋爱这种情感,这种情感往往伴随着更加深刻的情绪体验,这些情绪体验对青少年都有十分重要的影响。

(四)矛盾性

这种矛盾性主要体现在以下几方面。

第一,进入大学后,青少年的成人感迅速增强,可以自由支配自己有限的财物和时间,让他们初步获得了生活的掌控感和独立感,但是这种独立是相对的,青少年普遍要依靠父母提供经济支持,才能完成大学学业和生活。

第二,多数家长认为青少年仍是未经世事的孩子,对他们的生活呵护有加,而学校和社会又把青少年认同为社会成员,按照社会中的成年人要求来规范他们的行为。

(五)不稳定性

青少年处于青春期后期,自我同一性逐渐稳定,这一时期情绪上的起伏与不稳定尤为明显。高兴时忘乎所以,消沉时心灰意冷,情绪呈现不稳定状态。喜怒哀乐无常、阴晴雾雨变化是青少年情绪常见的现象。

一个感人的故事、一首情理交融的诗歌等都可以使青少年的情绪突然发生变化。另外,由于青少年正处于情绪较为波动的时期,自我认知、生涯发展及心理发展还未成熟,所以他们的情绪起伏就会较大,从而带有明显的两极分化特征:胜利时得意忘形,挫折时垂头丧气;喜欢时花草皆笑,悲伤时草木流泪,情绪的反应摇摆不定、跌宕起伏。

二、青少年情绪教育

(一)愤怒情绪的调适

对于青少年来说,适当有效地表达愤怒是非常困难的。他们要么把愤怒埋在心底;要么肆无忌惮、漫无目地地发泄愤怒。激烈的泄怒会对别人和自己造成伤害,并把发怒者自身带离原来的目标,而强忍自己的愤怒,极力将愤怒强行压抑下去也是行不通的,因为压抑的愤怒不会消失,它会以抑郁、头痛、无缘无故的妒忌等形式表现出来。因此,一定要采取相应的措施来管理和调节自己的愤怒情绪,具体来说,青少年可以通过以下几种方法来抑制自己的愤怒情绪。

第一,真诚、负责地表达你的愤怒,告诉别人是什么让你感到愤怒或受伤害,告诉他们你真正希望他们做的是什么。

第二,了解自己愤怒的来源,这样就可以把愤怒的能量转化为建设的动力。

第三,要替这些情绪找到出口。当要控制自己的愤怒情绪时,可以有意去参加一些自己喜爱的文体活动,如打球、爬山、旅游等,通过正当的途径,转移"视线",使怒气自然宣泄出来。

第四,愤怒的当时写一封信,可以是写给你发火的对象,也可以是写给报刊杂志或领导。这封信写得越详细越好。把这封信放一天再读一遍,再考虑是否真的值得发火。

第五,不要通过否认愤怒来麻醉自己。压抑自己不会让你得到你想要的,只会让你感到迷惑、内疚和抑郁。那些老办法也是有用的:愤怒的时候从 1 数到 10 等。

第六,愤怒之后,试着去了解是什么真正让你愤怒,并把你的想法告诉另一个人。一个中立的倾听者能帮你理清情绪、认清目标,还可以转移环境。在怒气萌发时,应特别注意控制自己的言行,只要情况许可,就应尽快离开引起愤怒的人和事,换换环境,待心情平静后再来考虑和处理问题。

第七,无论什么原因,你都要对自己的愤怒负责。不要给愤怒寻找理由,你需要的是解决问题,而不是空洞的胜利。所以及时制怒,在怒气刚产生时以理智来加以抑制,可以强迫自己先不要讲话,通过一段时间的静默以便能够对事情冷静地进行思考;也可以在怒不可遏时,选择合适的格言来暗示自己,使冲动的言行得以缓解,避免不必要的损失。①

(二)嫉妒情绪的调适

嫉妒是指个体看到别人成功了而自己又成功不了,想超越又做不到的时候所产生的一种由羞愧、愤怒、怨恨等组成的复杂情感。这是一种消极的心理品质。

嫉妒心理主要因为两种错误的认识而产生:一是认为别人取得了成绩,就说明自己没有成绩,别人成功了就说明自己失败了;二是认为别人的成功就是对自己的威胁,是对自己利益的侵害。

嫉妒是比较的产物,主要是因为个体把自己的才能、品德、容貌、名誉、地位、境遇、成绩等与身边的人进行了不合理的比较,从而使心理失衡,产生各种消极的内心体验。嫉妒的产生离不开人们生活环境和心理空间中所发生的各种事件。轻微的嫉妒,使人意识到一种压力,产生一种向超越者学习并赶上超越者的动力,促使人去拼搏奋进,力争上游。但严重的嫉妒所导致的更多的是焦虑和敌意,其是害人不利己的。

青少年的嫉妒心理扼杀了一部分青少年的进取心,他们往往不相信自己有能力、有毅力,但又不奋起直追,不反省自己,而是觉得别人想让自己难堪。这样的心理使校园生活失去了应有的活力,也严重阻碍了他们的人际交往。②

对这种不良心理的调适主要从以下几方面入手。

第一,要进行恰当的对比。人无完人,任何一个人都会有一定的不足。在与他人作对比时,不仅要看到别人的优点和自己的缺点,还应当看到自己优于对方的地方和对方的缺点。另外,不要经常与比自己强的人比,适当地与不如自己的人相比,以寻找自己的长处。

第二,纠正自己的认识偏差。千万不能把别人的成功当成是自己的失败或对自己的威胁,而要向别人学习,努力赶上别人。

---

① 由新华,年星,王迪,等. 高校心理健康教育教程[M]. 北京:新华出版社,2015.
② 刘栋,薛少一. 当代视阈下大学生心理健康教育理论与实践研究[M]. 北京:中国书籍出版社,2018.

第四章 青少年心理健康教育的内容

第三,保持良好的心态,学会引导法,即努力使自己的思想积极升华,把不服气的心理引导到积极的方面上去。在任何一个群体中,总会有一些较为优秀,也总有人相对落后一点。自己可以去努力追赶,但如果赶不上,不应强求,而是要化嫉妒为上进的力量,不断使自己进步。

第四,客观地认识自己性格上的弱点,并积极克服它。这就需要我们加强自己的性格塑造,逐渐形成不图虚名、心胸开阔、坚毅自信的性格特征,最终消除严重的嫉妒心理。

(三)自卑情绪的调适

自卑的本质就是自我评价过低,而且这种评价时常是歪曲的和不合理的,表现为在单一事件失败的基础上对自己的能力和价值做出普遍性的否定,正确的做法应该是对某一具体行为进行具体的分析和评价而不要以偏概全。所以,要想克服胆怯、害羞的种种不良表现,首先应改变心态,端正认知,然后再进行必要的心理调适。概括来说,青少年可以通过以下几种方法对自身的自卑情绪进行调节。

第一,正确认识自己,客观评价自己,善于发现自己的长处,肯定自己的成绩。

第二,培养乐观的生活态度,建立自信心。

第三,时常进行积极的自我暗示。例如,常对自己说"我能行,我一定能行""我很放松,我能做好""我感觉自己不错"等话语。

第四,学会培养自信行为。培养自信心的方法很多,青少年可从一些简单的方法做起,如讲话时敢于盯住对方的眼睛;讲话时声音洪亮,不吞吞吐吐,当对方声音超过自己时,要故意将声音放低,让对方听自己的,以掌握主动权;锻炼自己能径直向对方走去等。

(四)焦虑情绪的调适

青少年在出现焦虑情绪问题时,除了积极地向心理咨询师咨询外,还有一些心理自助的方法,也可以非常好地缓解焦虑状况。常用的方法有以下几种。

1. 调整呼吸法

当个体处于焦虑状态时,呼吸会变得急促与费力,在各种焦虑反应中,都会出现这种呼吸上的变化。呼吸的加快,会使个体出现呼吸困难、胸部疼痛等身体上的难受反应,而这种身体上的反应,又会加重个体在心理上的焦虑感。针对这种现象,应训练用全肺呼吸,基本要求是缓慢、均匀地用肺部呼吸,从而使个体慢慢地放松。在刚开始练习全肺呼吸时,个体以躺着的姿势最容易练习,随着对这种呼吸方式的掌握,个体可在任何姿势时进行这种呼吸方式。这样可有效地帮助个体舒缓与控制焦虑。[1]

2. 运动调整法

运动是调整焦虑情绪的有效方法。在运动过程中,个体体内的"内啡肽"物质的分泌会使个体体验到愉快、平和的正性情绪,从而有效地进入一种与焦虑相反的松弛状态。运动调整法要求一周至少运动3次,每次20分钟以上;运动项目可选择一些轻松有趣的胆量项目,最主要是自己感兴趣的。如果可以,最好结伴运动,以相互鼓励与支持,维持长期的运动。

3. 放松法

焦虑会使人感到紧张、肌肉酸痛、无法集中精力,或者有一些躯体上的症状。这种种反应,都会使焦虑的个体感觉非常难受,如长期处于这种紧张状态,又会加速个体的焦虑症状,形成恶性循环。因此,学会放松对于焦虑的个体而言,是一种有效舒缓焦虑的方法。常见的放松法主要包括以下几种。

(1)简单放松法。找到一个让你心情平静和放松的目标,如你喜欢的一件物品,或默念"放松、放松",在练习的过程中,将注意力集中在自然、放松的呼吸上,想象自己的身体逐渐放松。

(2)渐进性肌肉放松法。渐进性肌肉放松法的基本原理是:紧张你的肌肉,保持这种紧张感3~5秒,并注意这种紧张的感觉,之后放松10~15秒,最后,体验放松时肌肉的感觉。在放松训练中,一般是从下向上放松,即从脚趾到头顶的放松。通过这种全身主要肌肉收缩—放松的反复交替训练,可以稳定个体的情绪。长期坚持训练,可以使个体

---

[1] 邱国成. 关爱心灵,健康成长 大学生心理健康问题研究[M]. 北京:中国水利水电出版社,2019.

总是处于一种心态较平静的状态,对个体的性格及生活适应均有积极的意义。

（3）暗示性放松法。个体在焦虑时找到一个可以供自己放松的标志物,如一件你常见的物体。当你看到这件物体时,就提示自己做放松训练,基本过程仍是注意呼吸和放松全身肌肉。①

4. 改善睡眠法

许多焦虑的个体都会有睡眠不佳、失眠等症状。处于焦虑状态的个体,在晚上睡眠不好,会使个体第二天感到精力不足,同时,对失眠的担忧,更加重个体的焦虑。因此,针对焦虑,个体首先要学会一些改善睡眠的方法。

第一,睡觉前不要进食刺激性的食物,如喝酒、喝茶、喝咖啡等。在睡前半小时喝一杯热牛奶,可有助于睡眠。

第二,不要在床上看书、看报、吃东西,只在你想睡觉时才上床,把床与睡眠紧密地联系起来,将床只看作睡觉的地方。

第三,适当地进行体育运动。在晚上睡觉前进行半小时的运动,特别是快走或慢跑,可使个体感到舒适与放松,有助于睡眠。

第四,使自己的身体与心理处于较为放松的状态。不要过于担心失眠问题,接受自己会偶尔失眠的状态;可在入睡前1~2个小时通过洗热水澡、听轻音乐等方法让自己松弛;当你躺在床上时,可通过放松的方法或调整呼吸的方法使自己的身体达到松弛。②

第五,如果在床上躺了15~20分钟仍未入睡,那么可以起床做一些其他的事情,但此时不要做过于激烈的运动,可做一些简单和轻微的事情,如看看书和杂志,当你有了睡意时再重新上床。

（五）抑郁情绪的调适

得了抑郁症,通常需要接受专业心理咨询师的治疗,在其帮助与指导下共同面对抑郁是第一选择。同时,个体还可以通过一些自助手段,也能非常好地预防与缓解抑郁。具体来说,常用的方法主要有以下几种。

---

① 张梅英.大学生心理健康问题及调适探究[M].北京:中国商务出版社,2016.
② 由新华,年星,王迪,等.高校心理健康教育教程[M].北京:新华出版社,2015.

1. 阳光疗法

在抑郁症中,有一种叫 SAD(季节性情感障碍)的抑郁症。研究发现,对于约 3/4 的 SAD 患者,每天在人工光线下照射几个小时,其抑郁症状就会大大缓解。研究者们认为这与个体生理上的节律有关。因此,每天适当晒晒太阳,也可以有效地预防抑郁。[①]

2. 食物疗法

根据国外最新的研究表明,抑郁病人在服用一种含有奥米伽-3 的鱼油后,抑郁症状在几周内有明显缓解。而富含奥米伽-3 的食物有香蕉、深海鱼、南瓜、大蒜、蔬菜、低脂牛奶以及全麦面包等。因此,当青少年出现抑郁情绪时,可以通过以上食物来缓解甚至是消除自己的抑郁。

3. 运动疗法

患有抑郁症的个体缺乏获得快乐的能力,脑海中总是出现自动的负性思维,而在运动中,大脑内会分泌出一种物质叫"内啡肽",这种物质会激发人体获得快感,同时使个体变得更加敏感,可以从食物、爱人、朋友的友谊那里体会到更多的快乐。因此,经常运动的人会有更多的幸福感。而且,经常运动的同学还会发现,自己在运动的过程中往往会忘记当时正在烦心的事,慢慢进入一种专心运动的状态。在运动的这段时间内,个体似乎进入了另一种状态,在这种状态中,个体能更积极、更有创造性地看待事物。为了使运动能有效地抵抗抑郁,对运动有以下几方面的要求。[②]

第一,运动的方式没有限制,只要选择一种感兴趣的运动去坚持即可。

第二,只有定期运动,才能获得运动的愉悦感。在刚开始运动时,不管你选择何种运动,都需要记住循序渐进,不要让自己筋疲力尽。

4. SOLER 社交技巧训练

SOLER 是由下列每个英文单词的第一个字母所组成的。

(1)S(Squarely)——面对对方。在社交活动中,与他人交谈时,面对对方,是对对方的一种基本尊重。在与他人交谈时,我们可以选取面

[①] 张孟丽. 大学生健康教育与常用急救技术[M]. 北京:中国纺织出版社,2018.
[②] 张梅英. 大学生心理健康问题及调适探究[M]. 北京:中国商务出版社,2016.

第四章　青少年心理健康教育的内容

对面、并排、90°角的站姿或坐姿。面对面的位置往往表示一种对峙,并排表示亲密,而90°角则可进可退,既保持较亲密的关系,又可以保留各自的缓冲空间。因此,在选择位置时,根据你与他人的心理空间来确定你们的人际位置较为合适。

(2)O(Open)——身体姿势开放。在与他人的交往中,一些身体姿态如放松拳头、手心向上、身体不过度摆动等代表你的包容与接纳,愿意向对方开放自己,也会使对方愿意开放自己。如果你的身体姿势是双手放平、手心向下或双手抱胸、跷起二郎腿等,则显得萎缩封闭,会使对方也表现退缩、不愿表达和开放自己。

(3)L(Lean)——身体稍微倾向当事人。在与他人沟通中,身体稍微倾向对方的姿势,传达出你对对方的关心和尊重,会让对方也愿意开放自己。如果你在与他人沟通的过程中身体后倾、紧贴椅背,不仅拉大了你与对方的空间距离,而且显得冷漠、疏远和蔑视,会使对方感觉不被尊重而不愿将谈话深入。

(4)E(Eye)——良好的目光接触。在与他人交谈时,与对方的目光接触,能够传递出你正在认真聆听对方的意思,表达了对对方谈话内容的重视,通过这种眼神的接触,对方可以感受到被尊重和认可。如果在与对方交谈时,目光闪烁不定,就让对方的眼神无法凝视,会使对方感觉你不认真倾听他的谈话,不在乎他的感受。同时,在与人交谈中,目光不要始终接触对方。一般而言,当你在倾听对方谈话时,接触可以多一些,当自己谈话时,视线可有短时间的离开。[①]

(5)R(Relaxed)——身体放松。在与他人沟通时,放松的身体姿势,可传达出你身心的平静,对方受到你这种姿态的感染,也能够放松下来,和你进行放松而自然的沟通。如果你在交往过程中双拳紧握、双眉紧锁、双肩紧扣,这种紧张的姿态,不仅不能让对方放松下来,还会使对方感受到紧张与压抑,从而不愿继续沟通。

在与他人沟通时,如果能抓住SOLER技术的五点,将会获得良好的沟通效果。

除以上调节方法外,中国传统的针灸、太极,印度的瑜伽、冥想等,在练习的过程中都能使个体获得舒缓、平和、愉快的情绪体验。因此,在条件允许的情况下,个体可以多尝试一些这样的方法来调适自己的情绪。

---

① 唐俊兵,刘磊,周璠.大学生心理健康实用教程[M].北京:中国书籍出版社,2012.

第五节　青少年学习心理

学习是人和动物在生活过程中通过实践训练而获得的由经验引起的相对持久的适应性的心理变化,即有机体以经验方式引起的对环境相对持久的适应性的心理变化。这个定义,体现了四个方面的内容。

第一,学习作为一种心理现象,是人和动物所共有的。

第二,学习并非本能活动,而是需要通过后天的努力来习得。

第三,不管是什么水平的学习都会引起适应性的行为变化,不仅是外显行为的变化,也有内隐行为或者内部过程的变化。

第四,不是所有个体的变化都可以归为学习,只有通过学习活动产生的变化才可以称之为学习。

一、青少年学习的特点

大学学习是高层次的学习活动,在目的、方法、内容等方面都和中学学习有很大的不同,因而青少年的学习活动具有新的特点,概括来说,这些特点主要包括以下几方面。

(一)专业性

进入大学之后,每个人都要根据自己的兴趣、爱好等选择自己所要学习的专业方向,大学的学习实际上就是一种专业学习。青少年要在专业定向的基础上学习各类知识,努力把自己培养成为社会需要的合格人才。青少年学习的专业性是引起适应不良的一个重要方面,随着专业学习内容的逐渐深化,知识积累不断向高深层次发展,在整个专业学习过程中教师指导性强于指令性,各种教学环节给青少年提出的任务和要求更高、更复杂。青少年需要做好相应的思想准备。

(二)自主性

青少年的学习具有很强的独立性。相较于中学阶段,青少年的课程安排相对较松,课余时间也比较多,而且大学学习不像中学那样完全依

第四章　青少年心理健康教育的内容

赖教师的计划和安排,学生不只是单纯地接受课堂上老师所教的内容,还需要根据自己的学习目标和专业要求,自主学习一些自己感兴趣的和对自己有价值的知识。因此,自学在青少年学习中占有重要地位。另外,像课题研究、专业调查研究、毕业论文写作等环节虽然也需要教师的指导以及同学之间的讨论,但主要工作是靠自己的力量独立完成的。这就需要青少年具有高度的学习自觉性,否则大量的时间就会白白浪费。①

(三)多样性

青少年的学习途径是多种多样的,虽然课堂教学仍是主要的学习途径,但并不是唯一的途径。青少年还可以通过参加学校举办的各种学术报告会、教师的各种科研课题、学生科技社团和科技小组等进行课外学习。同时,参观工厂企业,深入街道社区,进行社会调查和开展咨询服务也是青少年进行校外学习的良好途径。青少年可以从中学到很多在学校里学不到的知识。

(四)探索性

探索性是指青少年在学习过程中对书本结论之外新观点的寻求和钻研。爱因斯坦曾强调教育必须重视培养学生会思考、探索问题的本领。这就要求学生不但要掌握所学的知识,而且要掌握知识的形成过程,了解学科和专业发展状况、存在的问题以及解决这些问题的可能性,掌握学科的研究方法和培养独立思考、探索创新的精神。而死记硬背、缺乏灵活性与创造性的青少年将会感到压抑和不适应。

(五)创新性

青少年学习不仅仅在于掌握知识,更在于探究知识的形成过程与科学的研究方法,了解学科发展前沿、存在的问题及解决的思路。目前,高等学校普遍加强对青少年创新能力的培养,在课程设置、课程安排、课程衔接上突出学生的主体地位,体现创新,加大了学生实践环节的培养力度,旨在提高青少年的创新能力。

---

① 范朝霞,毛婷婷.新时期大学生心理健康问题与对策探究[M].北京:中国书籍出版社,2017.

二、青少年学习心理教育

面对高校青少年诸多的学习心理问题,一定要采用适当的措施进行调适,引导青少年发展健康的心理,取得更好的学业成绩。一般来说,可由学生自我调适和教育者的调控两个方面调适青少年的学习心理问题。

(一)青少年的自我调适

1. 培养良好的个性品质

良好的个性品质能够帮助青少年更好地应对学习中出现的各种心理问题。因此,青少年应当注意使自己具备良好的个性品质。一个人的完整个性应包括个性心理特征、个性倾向性和自我意识系统三个方面。个性心理特征包括能力、气质和性格等。个性倾向包括需要、动机、兴趣、理想、价值观和世界观等。每个青少年都应当加强自我锻炼,树立远大的理想,正确的自我意识,培养多种兴趣,克服不良的性格,合理调节情绪,正确面对挫折。一旦出现学习心理问题,应当及时进行心理咨询,甚至进行心理治疗。[①]

2. 树立正确的学习态度

所谓学习态度,就是指学习者对学习及其学习情景所表现出来的一种比较稳定的心理倾向。它一般由认知因素、情感因素、行为因素三个方面组成。三者相互影响,学生一旦有了明确的认知,产生了情感,也就有了学习行为的基本倾向。因此,明确的学习态度,能够使青少年在学习过程中克服出现的各种困难和问题,并集中注意力,努力提高自身的学业成绩。

3. 掌握科学的学习方法

学习方法就是个体在学习过程中为达到一定的学习总目标或具体

---

① 熊璟. 大学生心理健康导论[M]. 广州:世界图书广东出版公司,2014.

第四章 青少年心理健康教育的内容

目的,根据学习的规律作用于学习客体而采取的步骤、程序、途径、手段等。在青少年学习过程中,为了克服学习方法上的思维定式,青少年们一定要注意学习和掌握适应大学学习环境、教学模式、学习内容的新的科学的学习方法,不要拘泥于在中小学时期学会的学习方法。

4. 科学用脑

对于青少年来说,其主要任务还是学习,且学习任务还较为繁重。为了保证学习效率,青少年在学习的过程中必须要注意保护大脑,减轻大脑的负担。总体而言,青少年要按照大脑活动的规律合理运用脑力,使大脑处于最佳的工作状态,最大限度地发挥大脑的功能。

5. 正确对待考试

青少年要正确认识考试的目的和作用,端正考试态度。考试的主要目的在于检验学生的学习效果,以达到促进学习,巩固学习成果之目的。因此,青少年不该把考试成绩看得太重,而应当把注意力放在对知识的学习、理解、掌握和巩固上。

(二)教育者的调控

1. 创设良好的学习环境

整洁的学习场所,清新的空气,适宜的温度、湿度和光线可以使人心情舒畅,学习效率得到提高。因此,高校和家庭都应当注意给学生提供良好的学习环境。只有在良好的心理环境下,青少年的主体性才能得以充分体现。对于存在学习心理问题的青少年,家长、教师应尊重他们的独立个性,爱护他们脆弱的自尊心,真诚地关心、耐心地疏导,热情地帮助,清除他们的对立情绪和对学习的困惑,使他们克服困难,逐渐提高学习效率。[①]

2. 采取积极的预防措施

(1)进行正确的人生价值取向教育。对青少年进行正确的人生价值取向教育,能够有效地唤起青少年的学习欲望。因此,高校应通过各种

---

① 刘栋,薛少一. 当代视阈下大学生心理健康教育理论与实践研究[M]. 北京:中国书籍出版社,2018.

各样途径让青少年明白,人生的意义在于对社会、对他人的责任和贡献。引导青少年把学习当作一种实现自身价值的需要,使他们如饥似渴地汲取知识养料,为将来创造更多的劳动价值而努力。

(2)满足青少年的情感需要。对于青少年学习心理的调适应注意青少年的情感需要,通过引导其情感达到改变其学习行为的目的。具体而言,高校教师必须关心、了解学生,尊重、信任学生,公平对待学生,以自己热诚的感情去满足学生的情感需要,激励学生学习。

(3)帮助青少年明确目标,树立信心。明确目标,树立信心,能够有效增强青少年的学习动机。因此,教师应辅导学生制定学习的近期、远期目标,经常检查学习结果,督促其目标的实现。另外,教师还要正确引导学生总结学习过程中的经验教训,做积极的归因分析,多从自身因素寻找获取学习成功的突破口。①

3. 加强学习心理健康教育

健康的学习心理一般包括正确的学习动机、浓厚的学习兴趣、坚定的学习信念、顽强的学习意志、科学的学习方法、良好的学习行为等方面的心理因素。因此,教育者应加强对学生的学习心理健康教育,提高学生的学习心理健康水平。

第六节 青少年挫折心理

挫折感是一种心理现象。挫折情境指产生挫折的原因,也就是使预定目标无法实现的客观因素或主观因素,因此,它可以是人也可以是物,也可能是各种自然环境和社会环境。挫折认知是人们对于挫折情境的知觉、认识和评价。而挫折行为是人们在遭遇挫折后,伴随着挫折认知所表现出来的反应,它包括情绪性反应、理智型反应和个性变化。情绪性反应是个体在遭遇挫折后出现的强烈的心理体验或特定的行为反应。如攻击、冷漠、退化、固执、幻想、逃避、自我等。而理智型反应是个体在遭遇挫折后采取的积极进取的态度,用于克服困难、排除阻碍,毫不动摇

---

① 熊璟. 大学生心理健康导论[M]. 广州:世界图书广东出版公司,2014.

地朝着预定目标前进。个性变化是个体在遭遇重大挫折后产生持续的紧张状态而形成的较为固定的个性特点。而挫折教育是一种有目的、有计划、有组织的教育行为，它不同于学生在日常生活中遭受的挫折打击，并不是教人如何回避困难，而是主张以一种积极的心态去面对挫折，并在战胜挫折中成长。[1]

青少年大多为 18 至 23 岁，人生经历较单一。在成长过程中除了学业挫折，几乎鲜少遇到其他困境。由于经验缺乏，心理承受能力较弱，出现了极少数青少年行为倒退甚至是伤害生命的情况。这些情况的发生，再一次给高校管理者敲响了警钟。

在全球化发展，国际社会竞争日益剧烈的今天，青少年作为未来社会的中坚力量，将会迎接前所未有的挑战，因此，增强青少年承受挫折的能力，不仅是高校生命教育的重要内容，还为人才强国提供智力支持，关系到国家未来发展的前途和命运。

一、青少年挫折与身心健康

（一）挫折导致紧张状态

生理心理学研究表明，挫折所导致的紧张状态对个体有威胁性的影响，它能击溃个体的生物化学保护机制，从而降低抵抗力，易为病菌侵袭。人体处于紧张状态时的反应，从生理上来看，原本是为了防止身体受损，是一种防御机制，但是这种防御反应如果不适当，也就是对紧张状态的适应过度或不恰如其分，反而会因此而生病。

（二）挫折导致生理疾病

美国华盛顿大学教授霍尔姆斯和拉赫领导的研究小组根据对 5000 多人的病历分析和社会调查所获得的资料，编制了社会再适应估价量表（表 4-1），表中按照紧张事件影响的严重性，顺次列举了个人生活中的 43 种关键性的变化，每一种变化又从 0～100 计分，每一分称为一个生活变化单位，以反映生活变化与疾病之间的关系。

---

[1] 龙海霞. 大学生生命教育研究[M]. 成都：四川大学出版社，2017.

表 4-1　社会再适应估价量表[①]

序号	生活事件	生活变化单位	序号	生活事件	生活变化单位
1	配偶死亡	100	23	子女离家	29
2	离婚	73	24	姻亲纠纷	29
3	夫妻分居	65	25	突出成就	28
4	坐牢	63	26	妻子开始或停止工作	26
5	家庭亲人死亡	63	27	入学或停学	26
6	受伤或疾病	53	28	生活条件改变	25
7	结婚	50	29	生活习惯改变	24
8	失业	47	30	与上级有矛盾	23
9	复婚	45	31	作息时间或条件改变	20
10	退休	45	32	搬家	20
11	家人患病	44	33	更换学校	20
12	怀孕	40	34	娱乐改变	19
13	性机能障碍	39	35	宗教活动改变	19
14	家庭增加新成员	39	36	社会活动改变	18
15	调换新工作	39	37	少量借贷	17
16	经济状况改变	3	38	睡眠习惯改变	16
17	好友亡故	37	39	家庭收入变化	15
18	工作职业改变	36	40	饮食习惯改变	15
19	夫妻不和	35	41	假期	13
20	大量借贷	31	42	圣诞节(过年过节)	12
21	抵押或信贷到期	30	43	轻度违法	11
22	工作责任的改变	29			

---

① 敖凌航,张少平.青少年心理健康[M].武汉:武汉大学出版社,2011.

第四章　青少年心理健康教育的内容

霍尔姆斯和拉赫等人的研究发现，生活变化与健康密切相关。假如一个人在一年之中的生活变化单位总和不超过 150 单位，在来年便可能健康安泰；总和若为 150～300 单位，则 50% 的人会在来年有患病的可能；总和若超过 300 单位，则有 70% 的人可能在来年患病。拉赫认为，许多躯体疾病是由于生活事件降低了机体的自然抵抗力，再加上遗传和环境条件促成的。研究还发现，生活变化单位的升高与心脏病发作猝死、心肌梗塞、意外事故、运动损伤、结核病、白血病、糖尿病等的发生有显著关系。

(三)挫折导致心理和行为失调

个体由于遭受挫折，引起情绪紧张、苦恼、失望等消极反应。如果是重大的挫折，则会引起情绪状态的剧变，会直接使神经系统、特别是大脑功能处于紊乱、失调状态，严重影响个体心理和行为的变化。[1]

(四)挫折对身心健康的积极意义

遭受挫折后，适度紧张对人的身心健康是有积极意义的，主要表现在两个方面：一方面，有助于个体修正自己的行为、目标、认识和处世方法。挫折犹如一帖清醒剂，它常常在个体偏离目标或脱离实际之时，亮出红牌警告，使个体清醒过来。另一方面，可以促使个体最大限度地动员身心潜能，使自己的知识经验、技能技巧和智力能力达到激活状态，从而有利于冲破阻碍，实现目标。人在紧张状态下，有可能遭受挫折之时，常常会做出惊人之举，如"急中生智"，想出平时想不出来的好主意，像诸葛亮的"空城计"，就是情急智生的妙策，出奇制胜，化险为夷。当然，在紧张局面结束，危险消失之后，身体的变化又能够自动地复原、恢复平时的状态，即平衡状态，人的健康也不会受什么影响。可见，挫折不仅能给人们带来痛苦和不幸，也能带给人们经验和磨炼，使人学会更好地应对挫折造成的紧张状态，保持最佳的心理状态，促进身心健康地发展。[2]

---

[1] 欧晓霞,罗杨. 大学生心理健康 第2版[M]. 北京:清华大学出版社,2018.
[2] 潘玉腾. 大学生心理健康教育研究[M]. 北京:人民出版社,2001.

二、青少年挫折问题的调适

挫折是每个人都必然经历的,我们只有直面挫折,找到适合自己的心理调节方法,才能让挫折成为人生前进道路上的助力。具体来说,青少年可以从以下几方面来应对挫折。

(一)树立正确的挫折观

在挫折情境中,如果对挫折缺乏正确的认识,就容易产生许多不理智的反应、不正确的行动,这就要求一个人首先要树立起正确的挫折观。

1. 认识挫折存在的普遍性与必然性

世间万物,无一不是在曲折中前进,螺旋式上升的。挫折是人们在认识、改造世界的过程必经的阶段,任何人在成长过程中都会遇到各种不同的挫折。因此,一个人应具备正确的挫折观,认识到挫折是不可避免的,只有把挫折当作前进的阶石,并不断努力,才会取得进步。

2. 认识挫折的可克服性

正确的挫折观,还在于认识到挫折是可以克服的。在遇到困难时,选择积极应对,比选择消极逃避,所能获得的成功几率大很多。

3. 认识到挫折意义的两重性

挫折具有两重性,即消极影响和积极影响。挫折的消极影响是指它会给人带来打击,对个体实现目标的积极性产生不良影响,从而造成个体身心健康方面的损害;挫折具有的积极影响,在于它是一种考验,能够给人以磨练,增加个体的情绪反应能力,并提高其对挫折的认识水平,从而使个体增长知识和才干,获得解决问题的能力。这就要求一个人对挫折的两重性要用辩证的眼光看待,将不利的因素转变为有利因素,使挫折更好地向着积极方向转化。

(二)学会正确归因

我们在认识和对待挫折时,还要学会对挫折进行正确的归因。按照社会的心理学归因理论来看,人对原因的归结可以分为两种类型,即外归因和内归因。倾向于外归因的人,通常认为自己的行为结果是受外部力量控制的,这种外部力量可以是运气、机会、命运、他人的权力、自然界的力量等无法预料和支配的因素。倾向于内归因的人,则习惯于认为自己的行为结果是受内部力量控制的,支配自己成功、失败和前途的原因是本身的能力和技能以及自己的努力程度等。

正确归因,就是要对造成挫折的原因进行实事求是地分析,弄清挫折的原因到底是外部的,还是内部的,或是内外部两种因素相互交织,共同起作用的。正确的分析和归因,是应付和解决挫折情境的必要基础。把失败结果一概归因于外部因素的人,不能对行为作自我控制和自我调节,面对挫折会感到无能为力和束手无策,从而不能尽自己的最大努力去克服困难和改变失败的处境;但是,把失败结果统统归结于个人的努力不足,过多地责备自己,也是不现实的,同样不能对自己的行为结果负起合理的责任,有效地改善挫折处境。

对于经常遭受挫折,不加分析,不问青红皂白,便按照自己已有的固定模式作片面归因的人,尤其应当注意要作符合实情的、准确的归因。只有以积极的态度去冷静地分析遭受挫折的主、客观原因,及时找出挫折的症结所在,才能从本人的实际条件出发,用切实的行动去改变挫折情境。[1]

(三)学会善待自己

1. 展现自己好的一面

在遭受挫折而失意的时候,我们对自己的评价差不多到了最低点,这时关键在于能否发现自己好的一面,发现自己的优点和长处,从而振作精神,重新站立起来。

(1)接纳自己。如果不能接受自己,就不能真正地发展自己。花一个钟头去发掘自己的优点,然后逐点用笔记下来。优点可分数类,如:个人专长所在,已做过什么有益或有建设性的事,过去别人如何称赞过自己,家人朋友对自己的关怀,受过的教育,你一定会发现自己许多优点,

---

[1] 朱海燕,黎震,曾军,等. 中等职业学校心理健康教育[M]. 西安:西安电子科技大学出版社,2015.

从而知道自己原来还不差。当你在失望和沮丧中看到了自己的另一面,你就会突然发觉,天空原来是那么辽阔,阳光原来是那样明媚,自己并不是一无是处,从而鼓起战胜挫折的勇气和信心,提高对挫折的适应能力。

(2) 肯定自己的能力。每天找出几件自己做成功的事,不要老检讨自己还有多少件事没有做。不要把"成功"看成登上月球那么大的事,成功可以是顺利跟医生约了治疗时间,上班路途畅通,处理的文件档案没出一次错等,日常生活工作都可以有"成功"与"失败"之分,一日至少顺利地做了几件事,又怎能说"一事无成""一无是处"呢?知道能把事情做好,等于对自己能力的肯定,你立刻便可振作精神,自信心大增。人还没做的事永远多过已做过的事,但已做好的工作列出来,可是长长的一张单子啊。如果老想着这个没做,那个没做,便会愈想愈沮丧,真的会觉得自己能力低,无效率,大为失意。

(3) 树立榜样人物。树立一个榜样,让榜样的力量来激励自己。当一个人有坚定的信念,有积极的行动,并对未来有坚定的目标,能通过成功的前景去激励自己,那么这个人面对挫折时比任何时候都有勇气。而以这样的人为榜样,有意识地学习这种人的处世态度和应对挫折的心态和反应模式,有利于激发潜能,成功应对挫折。

2. 宣泄不良情绪,珍惜生命

对挫折所产生的情绪,就像对待洪水一样,堵是堵不住的。对各种不良情绪必须开渠疏导,进行适当的调适宣泄,才能恢复并保持一种健康良好的心态。有关专家经研究后证明,人的负面情绪是危害健康的大敌,受挫后如果陷入负面情绪而不能自拔就等于自杀。

当遇到逆境后为某种不公平而愤愤不平时,你不妨问问自己:"我还能活多久?"沿着这样的思想下去,就会倍加珍惜自己的生命,自觉地超越痛苦,心里无限宽阔,没有芥蒂,不再计较,不再为名利所惑。一个人有了生命的危机感之后才会成熟、聪明起来,才会活得充实和有意义。世上永不凋谢的花一定是假花,完全红透的苹果一定是用蜡做成的。一个人一生不可能永远生活在欢乐与幸福中,痛苦是正常的,能够品尝痛苦但不被痛苦压垮的心灵才是真正健康的。欢乐是一种很高的人生境界,一个人要保持一种永恒的欢乐心态,必须在经历无数痛苦、品尝无数忧伤之后,才会明白欢乐并不是一时的高兴,而是一种乐观向上、积极进取、淡泊明净的人生态度。没有人能剥夺你的欢乐,因为欢乐是你自己

第四章　青少年心理健康教育的内容

心灵结出的果实;没有人会赐予你欢乐,还因为欢乐是你自己心灵结出的果实,只有你自己才能培育它,品尝它的甘甜。①

3. 积极总结经验教训

挫折虽然会给人造成痛苦,但只要善于总结经验与教训,它同时也给人以智慧。总结经验教训时应注意以下几个方面。

(1)正视失败,不懈追求。要正视挫折,认真吸取挫折教训,不因暂时的挫折而气馁。只有在总结经验与教训的基础上不懈地追求,才有可能取得成功。

(2)目标是否恰当。如果个体确实已经尽了全力,仍未达到目标,这时个体就应该检查主观的能力、体力等水平是否适应现在的目标。如果目标定的过高,就要及时调整,可以选择降低目标或者改换目标,甚至有时候要学会放弃。

(3)方法是否稳妥。如果目标合理,那么就要检查达到目标的方法和途径是否稳妥。如发现"此路不通",就要另辟蹊径,以免错失良机。

(4)寻找阻力的根源。如果目标合理,方法妥当,但还是失败,这时,要进一步分析造成挫折的原因,是自然因素还是人为因素。要想方设法排除阻力,化阻力为助力。

4. 知足常乐

知足常乐是人们通常用来说服别人或自己以求得心理平衡的道理。但道理归道理,做起来较难。倘若你采取一种理智的、能使自己知足的比较方法,你就会真的知足了。这个比较法很简单,即在物欲上和过去比、和自己比、和收获不如自己的人比。当然仅仅是知足,人类就不会进步发展了,所以在精神上、知识上、人生境界上要不知足,有了不知足才生生不息、拼搏进取。

(四)构建有效的心理防御机制

构建有效的心理防御机制,不仅有利于提高一个人自信心的培养和意志力的磨练,也有利于提高一个人的心理健康水平。积极的心理防御

---

① 王德才. 大学生身心健康教育[M]. 北京:机械工业出版社,2009.

机制能更好地帮助个体渡过心理挫折期,如补偿、幽默和升华等,其中升华是指将内心痛苦化为一种动力,转而投入到有益的学习生活中。另外,合理宣泄不良情绪也是构建有效的心理防御机制的重要组成部分。

在遭受挫折之后,如果不能将这些情绪及时地宣泄出来,那么就会将这些消极情绪在心中压抑,这会对学生的身心造成极大的伤害。所以,必须要采取较为合理、正确的方式来进行宣泄,这是一种自我保健的有效措施。合理宣泄是指采取恰当、有效的方式将自己内心消极的情绪宣泄出来,使心理恢复正常的办法。

参与运动是一种宣泄的有效方式,遭受挫折后,一般人都会感觉度日如年,这时,适当安排一些运动项目,尤其是一些比较激烈的运动项目,可以使挫折感转移方向,扩大思路,使内心产生一种向上的激情,从而增强自信心。

(五)善于调节自我抱负水平

在现实生活中,不少青少年在学习等方面的挫折都与自我抱负水平的确立不当有关。因此,青少年必须学会根据自己的实际能力正确设定生活的目标,调整自我抱负水平,并在前进中及时调整自己的目标。如果在目标实施过程中,发现自己设定的目标不切实际,前进受阻,就要及时调整目标,以便继续前进。对那些远大目标,要把它分解成中期、近期和当前目标。这样,就可以在成功中体验到愉快和满足,逐步提高自信心,又能在失败、挫折后不断总结经验教训,最终战胜挫折,取得最后的成功。

(六)努力改变挫折情境

应对挫折的另一个有效方法是改变引起挫折的情境。挫折情境是产生挫折和挫折感的主要原因,如果挫折情境得以消除和改善,则挫折感自然会随之发生变化,乃至不复存在。

1. 预防挫折的产生

如果能够预见到挫折的产生,从而采取及时有效的防范措施,尽量将可能发生的挫折在发生之前予以消除,当然是最好的了,这并不是不可能的事情。对于自然因素,有些虽然是不可避免的,但有些还是可以

第四章 青少年心理健康教育的内容

采取措施加以预防的,如准确的暴风雨预报、台风警报等,尤其对社会生产过程中的因素更可以预见,如厂房不坚固,机器防护装置不健全,原材料堆放不当,通道堵塞,"三废"污染等。对于社会因素,应尽量适应环境,遵守国家法令、社会秩序、公共道德、风俗习惯等,加强法制观念。对于生理因素,如果可以改变当然最好,但许多客观的生理条件无法改变或者很难改变,只能自我平衡心态,肯定自己,悦纳自己,充分认识自身条件,扬长避短。

2. 改变挫折情境

挫折发生以后,经过认真分析,如果引起挫折的原因和挫折情境是可以改变或消除的,则应通过各种努力,设法将其改变、消除或降低它的作用程度。人的需要中有正确合理的,但由于客观环境不够合理,使需要不能获得满足而产生挫折感。要消除挫折感首先要改变个人原来的环境结构,为满足需要提供合适的条件。青少年中常见的由于所学专业与兴趣专长的不协调以致在学习上造成的挫折情境,这可以在条件允许的情况下,努力改变客观环境(如调换合适的专业),避免学习上的失败,从而消除挫折情境的产生。但在现实生活中,改变环境,往往可能超越个人能力范围。因此常需要调整个体的需要来适应环境。对于个人来说,应该注意改善自己个性上的各种弱点,锻炼各方面的能力,以适应工作环境对自己的要求。[1]

改变情境的另一种方法,就是暂时离开当时的挫折情境,到一个新的环境里去。比如,恩格斯年轻时曾失恋过,他一度感到痛苦和心灰意冷,后来他去阿尔卑斯山旅行,在新的环境里,看到世界是如此宏大,生活是如此多彩,很快达到了心理平衡,摆脱了痛苦,旅行归来后又以新的热情迎接了新的工作。

3. 减轻挫折引起的不良影响

有些挫折情境一旦发生,是无法消除或一时无法改变的,如天灾人祸、生老病死,能力不济等,这时,就应设法降低和减轻挫折所引起的不良影响。一种最主要的方法,就是改变环境氛围,给受挫者以同情、支持和温暖。这样,就能提高受挫者对挫折的承受力,增加重新奋起的勇气

---

[1] 周家华,王金凤. 大学生心理健康教育[M]. 北京:清华大学出版社,2004.

和信心。比如,做父母的帮助子女减轻那些超出其应付能力负担,减少其挫折感,使子女在成长过程中,得到健康的发展;能力强的人在工作中为某些遇到困难挫折的人分担一部分工作任务,就可以使他们较好地应对挫折。对于某些人为的严重挫折情境,如犯罪行为等,也要创造适当的条件,既要给予当事人相应的惩罚,加强教育,也要给其自新的机会和情感的感化,从而在他们身上激发出合作和忠诚的行为。①

(七)不断提高挫折承受力

从现实情况来看,心理承受力弱、耐挫能力较差是青少年中普遍存在的问题。人对挫折的承受能力和适应能力受多种因素影响,它像其他心理品质一样,也是可以经过学习锻炼而获得的。一方面,青少年可以有意识地创设一定的挫折情境,对自己进行加强意志、魄力和挫折排解力的训练。另一方面,注重加强自身的知识储备,也是提高挫折承受能力的基础。另外,青少年应该做好随时应对挫折的心理准备。

---

① 颜世富. 心理管理[M]. 北京:机械工业出版社,2008.

第五章 青少年心理健康教育的途径与手段

对青少年心理健康教育的目标与功能、对象与内容的了解,有助于教师心理健康教育工作的进行。不过,要想真正保证青少年心理健康教育工作的效率,还必须要注意青少年心理健康教育的方法。为了更好地完成青少年心理健康教育的目标,教师会在心理健康教育过程中采取各种教育方式、手段和技术,来保证心理健康教学活动的顺利进行。教师在对青少年进行心理健康教育时,必须要使用恰当的教育方法。

第一节 个体心理咨询

一、个体心理咨询的含义和形式

(一)个体心理咨询的含义

个别心理咨询是"一对一"式的咨询,适于较深入地探讨来访者个人化的心理问题,提供深层而持久的心理支持与帮助。它在青少年心理健康教育工作中具有非常重要的地位。

(二)个体心理咨询的形式

1. 面谈咨询

面谈咨询是个别咨询中最为常见和最主要的形式,面谈咨询的特点是通过咨询师与来访者的直接交往,使问题得以解决,一般以设立门诊或咨询室的方式进行。

面谈咨询有三个优点。第一,面对面的形式使来访者可以进行充分详尽的倾诉,咨询人员在耐心倾听的基础上可以与来访者进行面对面的询问、磋商、讨论、分析。这种面对面的形式与其他形式相比更为直接和自然。第二,面谈咨询可以使咨询人员对来访者的个性、心理健康状况、心理问题的严重程度和当时的心态进行观察、了解和诊断。第三,面谈咨询个别进行,不允许第三者在场旁听,在这种情境中,来访者会很容易消除顾虑,说出自己内心深处的想法。

2. 电话咨询

电话咨询是通过电话交谈的形式进行咨询。电话咨询可以作为学校心理咨询的一种有效手段。青少年的心理正处于发展的矛盾期,同时又具有闭锁性的特点,他们可能不愿面对面地把心理问题讲给咨询人员听,采用电话咨询的方式,在校园内开设热线电话,可以使学生们消除顾虑,向咨询人员敞开心扉,为其心理问题寻求解决的途径。目前在心理健康教育领域使用电话咨询也是比较快捷高效的方法之一。

3. 网络咨询

网络咨询是指通过互联网进行心理咨询。已经有许多学校开始利用电子邮件、自建心理健康教育网站和即时通信工具(如 QQ 或 MSN)进行网络咨询。其优点突出:方便快捷且咨询时间相对自由和宽松、受学生喜爱、便于存档、隐秘性高、避免来访者产生紧张感和压迫感。但是,这种咨询方式对咨访双方的计算机使用水平有要求,而且咨询师不易把握来访者的真实情况。

4. 发展性咨询与障碍性咨询

学校中多采用发展性咨询,其重点在于帮助来访者更好地认识自己和社会,增强适应能力,充分开发潜能,提高人生质量,实现全面发展;其对象是比较健康、无明显心理冲突、基本适应学校环境的学生。

障碍性咨询的重点在于去除障碍和不适,其对象是具有心理疾病、心身疾病及其他各类心理障碍的学生。尽管心理障碍患者的比例极小,但在学校心理咨询工作中不容忽视。咨询师通过系统的心理咨询和治疗,帮助来访者克服障碍,缓解症状,恢复心理平衡。咨询师要注意鉴别严重精神障碍学生并及时将其转介至专科医院。

二、个体心理咨询的基本过程

青少年个体心理咨询的过程包括以下几个阶段。

(一)开始阶段

开始阶段是心理咨询的第一步,它在整个心理咨询过程中有十分重要的基础性作用,直接影响其后续阶段的效果。开始阶段需要完成的主要任务有以下几项。

1. 建立咨询关系

咨询关系的发展和建立是渗透在各阶段围绕基本工作内容的互动中进行的。但是,在咨询进程的初期,关系的建立显得特别重要。咨询者与来访者要建立起信任、真诚、接纳的咨询关系。要建立起积极的咨询关系,需要咨询者做到以下几点。

第一,通情,通情包含着"换位"的意思,是咨询师能够设身处地去体会来访者的内心感受,对来访者情况的心领神会,用别人的眼睛看世界。通情包含同情的成分,但又不仅是同情。通情不仅有同情,更有理解。由于通情,来访者感到自己被理解和接纳,这样有助于建立良好的咨询关系。

第二,无条件积极关注。无条件积极关注指的是咨询师不以评价的态度对待来访者,不依据来访者行为的好坏来决定怎么对待来访者,无条件地从整体上接纳对方。

第三,真诚。真诚有两层含义:一是咨询师真实地展现自己;二是真诚地对待来访者。这样,来访者在咨询关系中对他能够看得真切,能体会到咨询师是毫无保留的。

2. 掌握来访者的资料

掌握资料、搜寻资料是整个咨询工作的基础,是咨询者分析问题、实施诊断和提供劝导帮助的依据。通常而言,咨询者应该对来访者的个人基本情况有所了解,而且要对其心理问题有所了解。

3. 分析诊断,确定咨询目标

掌握了来访者的具体资料之后,就要对其各种问题进行分析和诊断,了解他们的问题类型,然后在诊断正确的基础上来确定咨询的具体目标。

(二)劝导与帮助阶段

在经过开始阶段后,心理咨询进入实质性解决问题的阶段,即劝导与帮助阶段。一般说来,这个阶段所需的时间占整个咨询过程的三分之二左右。这一阶段的主要任务有以下两项。

1. 选择咨询方案

解决来访者的心理问题通常有多种方法,如考试焦虑的治疗可以采用自信训练进行自我调整,也可以运用放松疗法进行调控,还可以考虑运用系统脱敏法或多种方法综合矫治。究竟选用何种方法最为合适,这里要求咨询者慎重筛选,更重要的是要与来访者共同磋商。只有双方进行充分的沟通和交流,才能选出让双方都可以接受并且有效的咨询方案。

2. 实施劝导帮助

与来访者共同选择了咨询方法并制订实施计划后,就进入了劝导与帮助的实施过程。在此过程中,不同的咨询方法有相应的不同做法。由于心理问题的复杂性、多变性,咨询实施过程有长有短,关键在于咨访双方互相合作、彼此信任、持之以恒,这样才能达到预期的效果。①

(三)结束阶段

1. 获取评估目标

获取评估目标即对整个咨询结果进行总结性评价。总结性评价不

---

① 张明. 小学生心理健康教育 心理教师用书[M]. 北京:中国轻工业出版社,2008.

仅有助于来访者巩固咨询收获,增强自信心,也有利于咨询师的专业能力的提高。

2. 处理关系结束的问题

在即将结束咨询关系之际,双方会对对方、对双方关系产生一种分离焦虑。对于这种反应需要做一些讨论,一方面要让来访者树立独立处理自己问题的信心。另一方面,咨询师要向来访者保证自己对他是开放的,可以随时与他取得联系或者再来访。也有不少咨询是采取逐渐增加来访间隔时间来逐渐过渡到终止咨询关系的,比如由每周一次会谈改为两周一次,一个月一次,等等。

3. 为学习迁移和自我依赖做准备,要花一定时间与来访者讨论

在离开咨询后一段时间里如何自我依赖,并运用在咨询中获得的收获处理新问题。有时候这涉及做出一个大致计划:双方设想可能出现的情况,并找出来访者的应对方式。考虑让来访者在自己的环境中发展和维持某种支持关系(比如与家人或朋友)也会是有益的。有些来访者报告说他们在遇到新问题时会"在脑子里与咨询师交谈",这种方法作为向完全自我依赖的一种过渡,也未尝不可。①

4. 做一些带有社交色彩的交流

最后一次会谈,常会比较轻松。在各项任务完成之后,双方做一些带有社交色彩的交流。有的咨询师送给来访者一份小礼物,作为一段共同工作的纪念。一件必要的工作是安排随访,可以交换地址、电话号码,也有计划好具体随访日期的。在一些简短咨询中,最后会谈常只占较少时间,而把整个结束评价工作合并在一次会谈中做完。

三、个体心理咨询的基本原则

(一)主动自愿原则

主动自愿原则指的是每一次咨询都是以来访者主动前来寻求帮助

---

① 张孝娟,黄小玲. 中医临床心理学[M]. 北京:中国医药科技出版社,2006.

为前提,咨询师不能以任何形式强迫来访者接受或维持心理咨询。这一原则是由心理咨询的自助目标决定的,也是由咨询过程中双方关系决定的。来访者必须意识到自己的困惑和问题,有自我改变的愿望和动机,并积极主动寻求帮助,这才有可能达到咨询的效果。

(二)成长性原则

咨询师对来访者的思想和行为表现不予任何是非判断,而是鼓励对方自己去判断。然后与其共同商讨该怎么做和不应该怎么做,与他共同分析探讨解决问题的途径,以及哪个途径最有利于问题的解决,最终由来访者自己得出结论。但值得指出的是,由于青少年心理咨询面对的是正在成长中的青少年,他们的人生观、世界观还没有形成,缺乏分析问题解决问题的能力,缺乏自我调整与调控的能力,所以成长性原则在青少年中需要灵活运用,还需要教育发展原则来补充。

(三)信任信赖原则

研究表明,人在一种尊重信任的气氛中将会有发展积极态度的倾向,青少年心理上出现的很多问题往往是由于不良的人际关系或不良文化环境等外在因素造成的,一旦消除了不良的人际环境就会减轻乃至消除其心理困扰,咨询人员信任的态度会使他们有信心解决自身的心理问题。

(四)教育发展原则

青少年的心理问题有些是不良环境造成的,有些是由于其缺乏判断是非对错的能力、心理发展不成熟、自控能力较差或缺乏社会经验等内在因素造成的。对于后者,咨询师有必要对其进行教育和指导,使其向着更成熟、更社会化的方面发展。对这样的学生,咨询者在态度上应友善温和,但同时适当地给予严格的限制。

(五)保密性原则

咨询师要严格遵守心理咨询的保密性原则,这是心理咨询的基本原则,也是心理咨询的通用原则,是咨询人员最基本的职业道德,是取得咨询良好效果的保证。如果心理咨询师违背了保密性原则,后果的严重性将不堪设想。

四、个体心理咨询的常用技术

青少年个体心理咨询过程中需要用到以下几种常用技术。

(一)积极倾听

倾听是一个主动的过程。不管咨询师是否运用关注技巧、鼓励、释义或总结,都必须全神贯注地投入到会谈过程中去。通过运用这些准确的倾听技巧,可以让来访者觉得他们被理解,从而帮助他们更为开放并做好改变的准备。

(二)询问

在心理咨询的过程中,询问是一个很重要的部分。因为有时候来访者并不总是给你提供重要的信息,有时询问是获得遗漏信息的唯一方式。

(三)观察

在心理咨询的过程中,对来访者进行熟练的观察是很重要的,可以得到许多关于来访者和咨询进展的信息。一般而言,一个经验丰富的咨询师会重点观察以下三个方面:非言语行为;言语行为;不一致和冲突。

(四)面质

面质是指咨询师质疑来访者言辞表达和行为方式中不一致的地方,进而促进来访者反思和成长的方法。例如:来访者绝对化的言辞表现在他常使用"所有人""总是""从来没有"等极端化词汇,咨询师质疑这些言辞能够促使来访者学到更正确的思维。来访者一贯的行为方式并不能使其适应环境时,咨询师可以质疑。咨询师的面质虽然不是批评、责备,但是仍然会引起来访者的反感,因此,咨询师使用这个技术时,要在充分通情的基础上进行。

(五)指导

指导就是咨询师直接指示来访者做什么和说什么,或者如何说、如何做,指导被认为是最具影响力的咨询技术之一。指导的本质在于直接造成行为改变,它明白地指示学习什么、改变什么以及如何改变、如何学习,所以指导有强烈的行为取向色彩。指导方式有如下几种:其一是指导言语的改变;其二是给予特殊的建议和指导;其三是自由联想式指导;其四是角色指导。

第二节 团体心理辅导

在解决大学生发生过程中遇到的某些具有共性的心理问题或心理障碍等,可以开展相关的团体心理辅导工作。在这里,本节内容主要围绕大学生团体心理辅导展开系统且深入的论述。

一、团体心理辅导的基本含义

在团体情境下,辅导员就求询者存在问题的相似性,建立相应的课题,交由团体商讨、训练、引导,为团体小组提供心理帮助与指导,共同解决成员在发展中遇到的问题或解决成员在发展中都有可能存在的一些心理障碍等,这一辅导形式即为团体心理辅导。

团体心理辅导中的"团体",主要指的是团体指导者(一般为一位或两位辅导员)和成员(参加团体心理辅导的多个求询者)。在团体心理辅导中,成员的数量没有限制,因此存在着不同的团体规模,少则三五人,多则几十人。

在团体心理辅导中,成员们经过多次聚会活动,实现成员之间的相互交流和共同讨论,实现成员之间的相互了解,从而改善团体的人际关系,使得团体成员的人际交往能力得到提升,社会适应性得到增强;通过讨论团体成员均感兴趣的话题,彼此启发、相互支持鼓励,实现各自人格的不断完善。

由此可以看出，团体心理辅导不仅是一种进行心理治疗的有效方式，也是开展教育活动的有效方式。

二、进行团体心理辅导存在的优势

团体心理辅导不同于其他形式的心理辅导，团体心理辅导的最大特点在于当事人是在团体中通过相互交流、相互启发、相互影响等方式形成对自身问题的正确认识。相对于其他心理辅导和咨询方式来说，团体心理辅导存在的优势主要表现在以下几个方面。

（一）具有较强的感染力和影响力

相对于个体心理辅导来说，团体心理辅导具有较强的感染力，其产生的影响也更加广泛。团体心理辅导采取了多向沟通的方式，因此当事人存在的影响源就会得到增加，从而使其感染力得到增强。

一个人是无法称之为团体的，为此，在团体中至少存在多个人。在进行辅导的过程中，每个人不仅能够得到其他成员的帮助，还能够尽自己所能去帮助别人。此外，成员在团体情境中还可以同时学习模仿其他成员的适应行为，从不同的角度了解自己，从而使认识更为全面。在团体心理辅导过程中，成员共同合作发挥自身的主观能动性，集思广益，从而增加了解决问题的几率，同时还能减少成员对咨询员的过分依赖。

（二）具有较高的效率

团体心理辅导具有较高的效率，在时间方面、精力方面的消耗相对来说要小一些。相对于个体心理咨询形式中的一对一心理咨询辅导来说，团体心理辅导是一个咨询者对多个成员，从而可以省时、省力。另外，团体心理辅导还能够防患于未然，产生一定的经济效能。团体辅导中利用集思广益的研讨方法来解决问题，属于比较经济的方法。

（三）具有持续的有效性

与其他心理辅导方式不同，通过团体心理辅导方式进行心理咨询和治疗取得的效果比较容易巩固。这是团体心理辅导具备的主要优势之一。在进行团体心理辅导过程中,能够营造一个与真实社会生活相贴近的情境,从而为参加者提供了充分的社交机会,从而有利于成员真实地表现自己。

辅导者在进行辅导的过程中,需要营造出一种促进成员之间相互信任的良好气氛,运用示范、模仿训练等方法,促进参加者彼此之间形成良好的人际关系。如果在团体中的行为能有所改变,就可以将这种改变拓展到现实社会生活中,即实现辅导结果的迁移,使得治疗的结果容易巩固下来。

(四)具有良好的人际关系调节作用

对于处理不好人际关系的人来说,团体心理辅导具有特殊的作用和优势。现今的青少年,一般都严重缺乏社会经验,缺乏一定的人际交往能力和技巧,这样的青少年通过参加团体心理辅导,能够锻炼和提高自己的人际交往能力。

那些难以和同学相处的人,可经由团体心理辅导来提高其社会适应性和社会适应能力。有些人因缺乏客观的自我评价、人与人之间彼此的信任以及过分依赖、武断等,也可以通过团体心理辅导,从而与他人建立良好的人际关系,矫正自身在人际交往中存在的问题和不足之处。

三、团体心理辅导活动设计

开展团体心理辅导活动,需要有一定的计划性,从而使活动得以有效进行。为此,可以设计相关的团体心理辅导活动,以更好地实现活动的目的,提高活动的效率和效果。

(一)团体心理辅导活动的目标设计

团体心理辅导活动的开展要体现一定的方向性和目的性,而团体心理辅导课程目标对其开展具有非常重要的指导作用。为此,在设计团体心理辅导课程时需要确定活动的目标,目标的设计要达到以下要求。

1. 体现发展性目标

进行大学生团体心理辅导活动是为了预防大学生产生心理疾病,促

第五章　青少年心理健康教育的途径与手段

进大学生心理健康发展。这包括正确地看待自我,对自己做出正确的评价;学会调节和控制自身的情绪,掌握一定的人际交往技巧,建立良好的人际关系;培养良好的个性;让学生能够创造性地解决学习过程中遇到的问题,从而实现自身的全面发展。

要实现上述要求,在设计团体心理辅导活动目标时要体现出一定的发展性,从而有效解决学生在成长和发展过程中遇到的问题或迷惑,如自我意识问题、人际关系问题、个性品质问题、学习问题等。

对于每个参与者个体而言,这些问题具有较强的针对性,能够矫治或解决一些发展性问题。另外,团体心理辅导活动还应该着眼于"如何完善自我,如何调控情绪,怎样增强记忆力,学会沟通与合作"等,为学生的良好发展提供科学有效的方法和途径。

2. 目标应具体并体现一定的层次性

团体心理辅导活动课程目标的设计不能太抽象,而应该具体、明确,以便对课程的实际开展状况进行评估或检验。为此,我们在设计目标时,可以通过制定总目标、中间目标、具体目标等,将目标分为多个层次,从而使目标内容更为具体、详细,更具有针对性。

一般来说,团体心理辅导活动的总目标为实现学生心理健康发展,培养学生健全的人格,促进学生更好的发展;设置的中间目标,要能解决学生实际存在的问题,培养学生某些方面的品质或能力。中间目标的内容涉及多个方面,如让参与者正确认识自身的存在价值、培养良好的个性和品质、提高社会交往能力、掌握一定的心理救助或自救知识等。

同时,我们可以对中间目标进行进一步的细分,从而形成了多个子目标。例如,在改善人际交流建立自信心这一中间目标之后,可以设置以下几个子目标。

第一,正确看待自己的优点和长处,正视自身存在的不足之处,建立自信心,掌握基本的人际交往技巧。

第二,正确地看待和评价他人,学会欣赏他人的优点,包容、接受他人的缺点,学会赞美他人,并不吝通过自己的言语表达对他人的认同。

第三,正确与他人进行相处。在团体活动中,培养责任感,具备一定的团队意识,并学会与他人合作。

3. 目标的认可度较大

辅导者所设计的活动目标,应该建立在充分了解每个参与者的真实想法的基础上,体现了参与者的需求。在确定目标之前,首先需要对学生想要学习的内容或方向、想要解决的问题等有一定的了解。只有这样,才能与参与者有共同的话题,从而共同探讨可能形成和达到的目标。

通常在设计辅导课程目标时,可以交由广大参与者共同探讨,从而得出具有较高认可度的目标,使辅导的效果达到最佳水平。

(二)团体心理辅导活动的内容设计

团体心理辅导包含了较为广泛的内容。不同的团体心理活动类型具有不同的内容。根据不同的辅导目标和参与者的特点设计活动方案的内容会呈现出一定的差异性。在此,要对不同类型团体心理辅导活动的内容进行不同的设计。

1. 按心理与行为性质进行分类的心理辅导活动内容

以心理与行为的性质对团体心理辅导活动进行的分类,其辅导活动的内容主要包括学习方面的辅导、心理方面的辅导和职业方面的辅导。

2. 按关键事件进行分类的心理辅导活动内容

这种分类是针对现阶段参与者开展的心理辅导活动课的笼统性来说的,因此有学者认为,在进行心理辅导活动内容设计时,应该以参与者当前所面临的"关键事件"作为主题,从而确定辅导目标和辅导方案。这一类型的辅导活动,主要分为学习辅导、人格辅导、生活辅导和职业辅导等方面的内容。

第一,学习辅导的内容,主要偏向于对学生的学习情绪、动机和学习策略与技术所开展的训练和辅导。

第二,人格辅导的内容主要涉及的是学生的自我意识、情绪、意志、品格、人际交往技能及青春期问题等。

第三,生活辅导主要是对学生休闲消费和生活适应方面的辅导。

第四,职业指导的主要内容为对学生升学和职业方向的指导。

第五章 青少年心理健康教育的途径与手段

3. 按个体特点进行分类的心理辅导活动内容

在对大学生进行团体心理辅导的过程中,为了使辅导更具有针对性和时效性,有的学者将心理辅导专门活动的内容集中在人际交往、自我意识、工作、休闲、应付困难、学习态度方法、家庭生活与性教育等与学生特点紧密联系的内容上。

(三)团体心理辅导活动的设计原则

团体心理辅导属于一门学科,常以课程的方式实施,从而为参与者提供某些具有共性的心理品质。通过团体心理辅导课程设计,能够让每个参与者在活动中接受训练、获得体验和启示。通常应该进行一定的设计,以使课程的实施具有一定的计划性和合理性。在具体设计过程中,应该遵循以下几方面的原则。

1. 提高参与者的积极主动性

团体心理辅导课程的内容,要符合参与者的年龄特征和心理发展规律。参加这一课程活动的大学生,处于迅速发展时期,他们具有较强的探索能力和喜欢具有挑战性的事物,为此辅导活动内容要体现出一定的新颖性,以激起其学习兴趣和积极性,提高其参与课程活动的热情,使参与者在有意、无意中接受良好的心理品质教育。在这一过程中,体现了参与者的主动性,因此其不会有一种被支配的感觉。这种课程内容设计,才能收到良好的辅导效果。

2. 允许个体差异性的存在

团体心理辅导虽然是为了解决大学生在发展过程中遇到的某些共性问题或者共同解决某些问题,但是在实际辅导过程中,还应该考虑个体之间的差异性。即使是处于同一年龄阶段的大学生,由于生活经历、认知水平等方面的差异,会使其心理发展状况和水平存在一定的差异。为此,在进行团体心理辅导活动设计时,要充分考虑个体之间的差异性,允许差异的存在,做到难易适中,尽量使最大多数人能够参与集体辅导活动并自然进入自己的角色。这样,参与者才能达到真情流露,卸下自身的心理防卫机制,在辅导者的引导下自觉地接受教育或相关要求。

3. 结合实际生活

进行团体心理辅导,是为了解决个体存在的心理障碍或心理问题,以更好地进行社会生活和社会实践。为此,在设计心理辅导活动时,要结合现实社会生活中的某些因素,或创设有关社会实际生活的情境,提供参与社会实践的机会,让参与者能够在社会实践活动中不断解决有关心理方面的问题。

例如,在实施人际交往、升学择业等咨询活动课程时,完全可以利用社会实践的方式让参与者在真实的社会生活中接受训练或辅导。另外,辅导者可以通过观察参与者在社会实践活动中的表现,对其心理品质进行鉴定和评估,从而设计出更好的更适宜的课程方案。

为此,在设计团体心理辅导课程时,可以将课程与实际生活实践结合起来,从而提高和保障心理辅导的效果。

四、团体心理辅导活动的组织与实施

在进行任何团体活动时,都会涉及有关组织和实施的事宜。在进行团体心理辅导活动的过程中,也是如此。在组织实施团体心理辅导活动时,应当做好以下几方面的工作。

(一)做好活动前的准备工作

团体心理辅导活动的准备工作包括多个方面的内容,如确立团体心理辅导的性质和目标,确定团体活动的规程、时间与频率,准备好活动的地点、教学资料、教具等。团体心理辅导活动准备工作的好坏,会对活动的效果起到直接影响。

1. 明确团体的性质和目标

在团体心理辅导的准备工作中,要将重点放在团体心理辅导的性质和目标的确定方面。团体心理辅导的性质和目标主要有以下几种:发展性团体心理辅导活动、预防性团体心理辅导活动、治疗性团体心理辅导活动。

第五章 青少年心理健康教育的途径与手段

2. 确定团体的规模

团体心理辅导活动的规模,即人数会对活动的效果造成很大的影响。为此应该对团体的规模进行严格控制。一般来说,最适宜的人数规模为 5~10 人,过多或过少都会对成员之间的沟通造成一定的影响。在确定团体活动的人数时,应该充分考虑以下几点。

第一,小组成员个体特点、年龄及基本情况。在团体心理辅导活动中,若参与成员的年龄偏大,可以适当增加参与人数。

第二,指导者的经验和能力。负责进行心理辅导活动的辅导员,若其经验丰富、能力较强,可以适当扩大团体的规模。

第三,小组类型。在进行开放式团体心理辅导过程中,可以扩大参与成员的人数;而在封闭性团体心理辅导过程中,不应该随意扩大心理辅导的规模。

第四,心理问题的类型。在实施团体心理辅导活动过程中,若是以治疗为主要目标,则参与者的人数不宜过多,一般在 6~10 人之间为宜;在以训练为目标的团体心理辅导中,人数一般为 10~12 人;在发展性团体心理辅导中,参与者人数可以达到 12~20 人。

3. 明确团体辅导的组织方式

(1)持续式团体心理辅导组织方式。在持续式团体心理辅导组织方式中,活动具有一定的持续性和定期性。这类团体活动一般以 8~15 次为宜。活动频率为每周 1 次或两次,每次活动的持续时间为 1.5~2 小时。依辅导对象的不同,可以适当调整每次活动的间隔及每次活动的持续时间,指导员可以根据具体情况进行灵活变通。对于青少年来说,每周活动次数可增多,活动的持续时间可以维持在 30~40 分钟。

(2)集中式团体体力辅导组织方式。在这一辅导组织方式中,往往实行的是团体成员集中住宿,利用节假日休息时间进行辅导活动,如假期自助夏令营等。活动开展的时间长短,也与团体目标和学生的具体情况有密切联系。一般 3~5 天为宜,但最长不宜超过 1 周。

4. 确定团体活动的地址

良好的活动环境,有利于参与者集中精力,放松心情或稳定情绪,从而能够身心愉悦地完成团体活动任务。持续式团体心理辅导活动的场所,应该偏向于安静、舒适、优雅、有安全感、空旷的地方,能够让学生感到放松或自由。

集中式团体心理辅导活动的地点,常常设置在远离闹市、风景优美、依山傍水的地方,如海滨等。当学生处于美好的大自然中时,能够放松自身的情绪和压力,同时还能够集中注意力来进行团体活动。

5. 准备好活动的设备

进行团体心理辅导活动,往往需要借助一定的设备来完成。因此,在活动的准备阶段,指导者应该提前搜集与辅导活动有关的资料,如图片、图书、电影、电视资料、饰物以及供学生角色扮演使用的服装、道具等。这不仅能增强学生的参与兴趣,还有利于提高活动的效果。

(二)合理确立团体成员

团体成员的结构对辅导效果的好坏有直接影响。因此,要十分注重团体成员的选择和确定。要确保团体成员是在自愿的前提下参与活动的,只有达到共同的意愿,才能增强团队的凝聚力,以取得预期的辅导效果。

1. 明确服务对象

明确辅导目标、确定服务对象,是指导者进行心理辅导的前提条件。要明确辅导的对象是一般正常人还是存在一定心理问题的人。根据参与者的背景情况,可以实施同质团体心理辅导和质异团体心理辅导这两种不同的辅导方式。参加团体心理辅导的成员一般具有相同的背景问题(如都希望改善人际关系),此时宜进行同质团体心理辅导;对于不同背景的参与者,可以实施质异团体心理辅导,如以班级为单位的团体心理辅导课。相同背景的人,有利于他们之间的相互认同,共同探讨解决问题的有效途径;但不同背景的人聚集在一起,有利于他们了解不同人的心理与行为,从而认识到自身的不足,改变自身不良的心理状况或行为。

2. 参与者应具备的条件

团体心理辅导的成员,需要具备以下几种条件。

第五章　青少年心理健康教育的途径与手段

第一,参加团体心理辅导的成员,必须是建立在自愿的基础上的,并强烈希望对当前的状况进行改变,以实现自身的发展与提高。

第二,具有与他人交流的愿意,并具备一定的交流能力。

第三,具有一定的耐心、毅力等品质,从而能坚持参加团体活动全过程。另外,参与者应该遵守团体制定的各项规则或制度。

这里要指出的是,在小组辅导中,不宜让性格过分内向、羞怯、孤僻,或者有严重心理障碍的学生参与进来。

3. 参与成员的获得

通常来说,小组的成员主要是通过以下途径获得的。

(1)通过宣传方法获得。

第一,辅导员在进行学生集会、上课等活动中,通过向学生直接宣传,讲解团体心理辅导的目的,鼓励学生参加团体心理辅导活动。这种方法比较直接,反馈及时,是较为常见的宣传形式。

第二,在学校人口聚集较为密集的地方张贴海报或广告,吸引有兴趣的同学参加该辅导活动。

第三,学校运用校刊、广播台、校园网和学生刊物等形式面向全校学生进行广泛宣传,从而吸引有志者的参加。

通过宣传活动而获得的参与者,一般都是自愿参加该辅导活动的。因此,心理辅导工作较为容易,也容易取得良好的辅导效果。

(2)通过建议辅导获得。建议辅导主要有两种情况,一种是由心理辅导员根据日常咨询中发现的问题而建议学生参加心理辅导;一种是班主任在教学中发现学生存在的心理问题而转介获得的。例如,老师挑选学习有困难或行为有问题的学生参与心理辅导,而并非学生本人自愿参加。这种团体心理辅导参与者的防卫意识较强,并在团体心理辅导初期表现出较强的抗拒心理。此时指导者必须做好工作,采取有效的技巧,吸引小组的学生自愿参与团体心理辅导。

4. 对团体成员的筛选

有些已经报名参加团体心理辅导的参与者,可能并不需要进行团体心理辅导。当团体成员人数过多,或并不适合进行心理辅导时,组织者就需要对其进行筛选。此项工作虽然耗时费力,但是对于整个团体的发展来说是大有益处的。同时还有利于增强被辅导者的信心,提高其配合的积极性。

(1)面谈筛选法。在这一方法中,指导者与申请者进行一对一面谈,通过了解申请者的个性、问题、动机类型等基本情况,进而判断、决定其是否参加团体心理辅导。在面谈时,辅导者可以筛选出不适合参加团体辅导活动的成员,或无法通过此团体辅导活动获益的成员,以保障团体辅导活动的顺利进行。同时,指导者要加强对学生的了解,建立互信关系;指导者通过面谈向申请者详细介绍团体辅导活动的内容、规则、要求等,为申请者是否继续参与活动提供依据。

(2)心理测验筛选法。在这一筛选方法中,指导者通过对申请者进行细致观察和进行相关的心理咨询,使指导者预知个别成员在团体中可能出现的行为,以此来判断申请者是否适合参加团体心理辅导。例如,申请者若具有严重的人格缺陷,就不应该参加发展性团体心理辅导活动等。

(3)书面报告筛选法。在这一筛选方法中,指导者提出一系列问题,要求申请者进行书面回答。指导者根据申请者的回答情况,决定其是否参加团体心理辅导活动。常见的问题有你为何要参加团体心理辅导、你对团体有什么要求、你对团体能做出哪些贡献等。

5. 成员筛选所要注意的问题

在合理确定团体心理辅导过程中,都应该认真考虑以下问题。

第一,参与者参加团体心理辅导的目的是什么,他主要存在哪些问题?

第二,参与者的自我形象如何,是否有改变的意愿?

第三,参与者通过团体想要获得什么,团体活动能够为他做些什么?

第四,参与者希望了解指导者或团体的哪些信息?

第五,参与者对于团体目的与性质的认识情况如何?

第六,参与者的受教育程度及智能水平如何?

第七,参与者是否存在一定的团体活动经验?

第八,参与者的性格特征及身心健康状况如何?

(三)团体心理辅导活动的启动与运作

一般情况下,团体心理辅导活动的启动与运作分为几个不同的阶段,每个阶段都有一些特别的感觉与行为。为此,对应不同的阶段,应该

第五章　青少年心理健康教育的途径与手段

开展与之相对应的训练或活动。

1. 导入阶段的活动或训练

导入阶段的活动或训练,是为了让团体成员之间通过互相沟通而对彼此有一定的了解,并逐渐营造出一种团体合作互助的气氛。刚参加团体心理辅导活动的成员,对彼此之间缺乏了解,大家对对方的背景、问题等都会产生好奇心理。同时,由于这种陌生感会导致有些成员出现恐惧感或焦虑感,怕不被接纳或怕出丑等。因此,在这阶段各成员可以通过简单的游戏互动实现相互之间的认识。指导者应该尽量选择那些自己比较熟悉、对运作及可能发生的情况有所掌握的活动,从而能够在活动中对成员进行良好的引导,使成员紧张的心理得以放松下来。

导入阶段的活动可以是"静态"的,也可以是"动态"的。静态活动主要是针对一些问题而设置的;动态活动适合于多种类别的团体。活动的目的可以是为了提高成员的参与积极性,也可以是对学生的基本行为进行评估。特别要强调的是,导入阶段活动的目的应该强调加强成员之间的认识、沟通和互信。

导入阶段的训练或活动,通常为非语言和语言形式的交流。非语言交流主要表现为体操活动、放松感觉、步行者天国、按摩、盲行等。语言交流主要有自我介绍、关注练习等。

2. 实施阶段的活动和训练

各阶段团体心理辅导活动或训练之间的界限并不是绝对的。但我们为了将活动的整个过程清晰地表述出来,需要将团体心理辅导活动划分为不同的阶段。团体心理辅导活动的实施阶段,是整个活动的关键阶段。尽管各类团体心理辅导在理论依据、活动方式、实施方法等方面千差万别,但是在各阶段中,成员之间的相互影响具有一致性。这种一致性表现在各成员都在讨论自己或他人的心理问题或成长经历,以获得别人的理解、支持和指导;通过团体间的互动活动,发现自身存在的不足或问题,并及时地纠正过来;把团体作为实验场所,不断努力纠正自己在心理或行为方面的偏差,并将努力的成果逐渐扩展到现实社会生活中。

在这一阶段,成员通过互相探索、解决矛盾、互相适应,既能够融合于团体内,又能够保持各自的独立性,并企图确定自己在团体内的位置,找出团体成员在团体内互相间的关系。通过一系列活动,成员之间由不认识到知交,并获得了一定的交往技巧,从而实现自身的发展。

在团体心理辅导活动的实施阶段,辅导目的、问题类型、对象的具体情况会对团体活动的形式和方法有一定的影响。活动的形式主要有讲座、讨论、心得体会、写日记、讨论、训练、角色扮演等。比如,针对一些神经衰弱者组成的团体,指导者可以先具体、系统地讲解有关神经衰弱的知识或理论,然后通过开展自由讨论,认识病情、分析原因,深入探讨并得出解决对策;成员在交流的时候,能够增强彼此之间的认识,达成共识,或从他人意见中得到启发,及时对自身问题进行改正。最后通过写体会,对自身问题进行深刻反思,以确立信心,得出解决方法。

在这个阶段,发展性团体根据团体目标和成员特点会进行一些有趣的活动,如自我探索(常用的活动有我是谁、生命线、人生格言、自画像、墓志铭等)、价值观探索(常用的活动有临终遗命、生存选择等)、相互支持(常用的活动有金鱼钵、戴高帽等)以及脑力激荡等活动,通过交流分享活动的所思、所感来帮助团体成员获得发展。

3. 终结阶段的活动和训练

终结阶段活动和训练的目的在于巩固团体心理辅导的成果,为团体活动结束后的分别做好心理准备。在这个阶段,团体成员对团体经验能够有更加深入的认识,从而能够顺利将学习成果扩展到正常的生活中。这个阶段也叫作团体结束期,但这一阶段并不是最后一次聚会,它具有一个动态持续时间。不同的团体终结期也不同。一般而言,团体存在的时间越长,成员之间的关系越牢固,团体结束期要注意的事情越多,团体终结产生的情绪反应就会越强烈。因此,在这一团体心理辅导活动的结束期,持续的时间自然要长一些。

团体终结阶段处于活动的尾声,经常会被忽视。但团体心理辅导指导者要充分而有效地利用这一时机,为团体活动做一个圆满的结束。

在这个阶段,常用的活动形式有总结会、联谊会、大团圆等。通过前两阶段的互动,团体中已经形成了和谐而又亲密的气氛,各成员情绪高涨、身心放松、互信互助。在这种气氛下离别难免会有伤感。因此,指导者需要对这一阶段的活动进行合理的安排。

团体自然结束是团体心理辅导计划完成的最理想状态。但有时候团体会遇到一些困难和问题,从而使团体活动不得不提早结束。如成员对团体失去兴趣、成员间纷争不断、某些成员或指导者有急事需要马上离开等,从而使团体活动不能自然结束。这时,必须妥善处理,以免团体成员出现新的问题。

(四)对团体心理辅导效果进行评估

团体心理辅导活动结束后,需要对整个心理辅导过程的效果进行评估,以及时获得反馈信息,提出改进或修改方法,以为下一次活动提供有益借鉴。通常情况下对于团体心理辅导活动的效果评估主要是从以下几方面出发的。

1. 团体活动的状况

对团体成员状况进行评估时,主要应考虑以下几方面的问题。

第一,团体心理辅导活动目标的实现情况。即团队通过辅导活动,是否达到了预期的目标,预期目标的实现程度如何。例如,是否对某些问题达成了共识,团队中的问题是否得到有效解决等。

第二,团队凝聚力是否得到进一步增强。判断的依据为每个成员对集体的认同感和归属感状况,以及团队集体的集体意识等。

第三,团队满意程度。团体的这一状况反映的是团队面貌变化的敏感指标。

2. 团队成员状况

通过作业、交谈、问卷、测试和观察等多种方法,可以对团队成员的状况进行有效评估。一般地,对团队成员状况的评估主要从以下两方面进行考察。

第一,团队对辅导活动所持有的态度,是否积极参与团体心理辅导活动,是否爱上本门课程等。

第二,团队成员的心理状况是否得到了改善,包括团队的自我认识、自信心、情绪、人际关系等是否得到了明显的改善。

3. 活动设计质量状况

活动设计的质量状况,可以通过对以下几方面的评估得出。

第一,活动是否出现科学性的错误。活动设计既要有利于成员的准确理解,又要深入浅出地表述心理学的基本概念。

第二,活动的主题和目标是否与成员的具体情况相符合。问题应该是成员想要解决的,活动目标要适中,不能太高,也不能太低。

第三,设计的活动情景是否具有一定的趣味性或者生动性,是否能够激发成员的参与热情等。

4. 辅导者的表现状况

辅导者表现评估内容主要包括教师的角色是否到位;教师是否具有积极的情绪,是否有激情,是否能够借助自身的语言和非语言行为来感染学生;教师的辅导活动是否体现出一定的创造性;活动方式、过程的安排是否合适,是否达成单元目标,活动时间分配是否恰当等。[①]

第三节 心理素质拓展训练

经常参加体育锻炼能有效提升学生的心理品质,这是已经被大量实践所证明的事实。除此之外,一些特殊的心理方法也能有效提升学生的心理素质。作为一名体育教师,可以采用以下心理素质拓展训练方法来提高学生的心理素质。

一、表象训练法

表象训练可以说是最为常见的心理技能训练方法之一,主要是指运动员有意识地在头脑中再现或完善动作或运动情境,从而建立和巩固正确动作的动力定型、提高运动技能、增强心理调控能力的过程。

(一)表象训练的主要原理

1. 心理神经肌肉理论

这一理论认为,大脑运动中枢和骨骼肌之间存在着双向神经联系,

[①] 刘栋,薛少一. 当代视阈下大学生心理健康教育理论与实践研究[M]. 北京:中国书籍出版社,2018.

机体在进行动作表象时会引起相应的运动中枢的兴奋,兴奋也能引起相应肌肉的活动。因此,基于神经——肌肉运动,多次激发来加深记忆和强化心理图式,可以通过表象训练法来不断提高运动者的身体素质和运动技能。

2. 符号学习理论

这一理论强调表象训练是运动者在大脑中建立活动图式,并将活动进程进行符号编码以形成程序的过程。因此,运动者参加运动锻炼,就是反复熟悉运动程序,提高运动机能的一个过程。在这一过程中,运动者的综合素质会得到有效的提高。

(二)表象训练的程序

表象训练的程序主要包括以下几个部分。
(1)表象知识介绍:学生充分认识与了解表象训练的概念、特点与内涵,了解表象训练的重要功能和作用。
(2)表象能力测定:充分认识与了解运动者的表象能力并对其进行判定,然后确定运动者表象训练的主要任务。
(3)基础表象训练:提高运动者的感觉觉察能力和表象控制能力。
(4)针对性表象训练:结合运动专项进行训练,这样能取得理想的训练效果。

(三)表象训练的实施

运动者通过表象,在头脑中反复想象某种运动动作或情景、重现自己过去获得成功时的最佳表现,有利于运动者提高运动技能、增强自信心。

大量的理论与实践充分表明,通过表象训练可有效提高运动员的成绩,据一项调查发现,马拉松运动员运用表象训练法进行训练可在此前的基础上将成绩提高约3分钟。由此可见这一训练方法的有效性。

1. 基础表象训练的实施

这一训练是指利用记忆中的经验,创造出可控形象并对这些形象进行一定的操纵。例如,在无体育器材的情况下,徒手做篮球投篮练习,学生将注意力集中于各种技术动作上。

表象清晰性训练:要求运动者尽量充分利用自己所有的感觉体验,进行生动的表象训练。

表象控制力训练:提高训练者改变、操控和调节表象的能力。

2. 针对性表象训练的实施

在具体的训练中,运动者要善于突出专项运动的特点,展开有针对性的训练。一般情况下,可以根据运动对象的不同特点制定相应的表象训练程序,以有效提高表象训练的效果。

通常来说,针对性表象训练的时间不宜过长,要结合实际情况把握准确的度。以一名武术运动员的表象训练为例,阐述运动员表象训练的过程。

表 5-1　武术专项表象训练

目的	熟悉成套动作
方法	(1)放松预备:习练者静坐,全身保持放松姿势。 (2)表象训练内容: ①想象自己着装得体,行为举止符合武术习练要求。 ②"看到"场地和观众,微笑,走到场地中央。 ③调整呼吸,起势,第一段重点组合做得极完美;第二段力点准确,动作稳健;第三段顺利完成;第四段干净利落,收势,向裁判示意,接受观众鼓掌并退场。
说明	放松准备中可以听音乐杜绝心理紧张现象。

二、放松训练法

放松训练是通过自我暗示的方法来改变运动者肌肉紧张度,从而实现心理放松的一种训练方法。大量的研究与实践充分表明,人体大脑与骨骼肌之间有着密切的联系,人体肌肉越放松,则向大脑传递的冲动就减少,大脑的兴奋性就降低,因此人的心理紧张感就会减少。这就是放松训练的基本原理。

(一)放松训练概述

1. 放松训练的定义

放松训练(Relaxation training)是以一定的暗示语集中注意,调节呼吸,使肌肉得到充分放松,从而调节中枢神经系统兴奋性的一种训练方法(张力为,2007)。

目前介绍和使用较多的放松方法包括:美国生理学家雅各布森首创的渐进性放松方法(Progressive relaxation)(Jacobson,1938)、德国精神病学家舒尔茨等人提出的自主放松方法(Autogenic relaxation)(Schultz & Luthe,1959),以及东方传统的一些放松方法,如中国的气功、印度的瑜伽和日本的坐禅等。

虽然上述放松方法在训练形式、内容及程序上各有不同,但还是存在以下一些共同点:要求注意高度集中于暗示语,进行深沉的腹式呼吸,清晰知觉肌肉不同程度的紧张状态,并使全身肌肉达到彻底放松。

大量资料表明,放松训练可以在比赛之前用以调节情绪,做好赛前心理准备,也可以在训练和比赛过程中作为解除紧张情绪、稳定心理状态的一种措施。同时,还可以在训练或比赛之后作为心理恢复的措施来采用(孙宁,2007)。在进行放松练习时,采用腹式呼吸更有助于实现紧张感的降低,高尔夫运动员菲利普·沃尔顿(Philip Walton)在1995年美国莱德杯赛上第18洞战胜对手顿杰·哈斯(Jay Hass)后说道:"拯救我的……是我学习过的东西……即学会如何在紧张的情况下恰当地呼吸,即采用腹式而非胸式呼吸。"(转引自Moran,2012)。

2. 放松训练的作用

在运动训练和竞赛中,运动员经常会遇到各种情绪问题,如过度紧张、焦虑、恐惧、倦怠等,而且还会伴随出现中枢神经系统的过度兴奋、过度抑制或中枢疲劳等生理变化。而放松训练可以帮助运动员掌握一些身心调节方法,使其身心状态向有利于训练与比赛需要的方向转化。

作为一种最基础的心理技能训练方法,放松练习主要具有以下几方面的作用。

第一,降低中枢神经系统的兴奋性。

第二,降低由情绪紧张而产生的过多能量消耗,使身心得到适当休息并加速疲劳的恢复。

第三,为进行其他心理技能训练做好准备。

放松训练之所以具有上述作用,主要源于大脑与骨骼肌之间的双向联系,即信号不仅从大脑传至肌肉,也从肌肉传往大脑。当肌肉活动积极时,从肌肉向大脑传递的神经冲动会增多,大脑就会更兴奋,比赛前的热身准备活动通常能起到这种作用。反之,肌肉越放松,向大脑传递的冲动就减少,大脑的兴奋性会降低,心理上也就感觉不到那么紧张了。

放松训练的作用已得到许多研究的证实。孙宁(2007)的研究显示:放松训练对运动员的认知焦虑和状态自信心具有显著的调节作用;同时,不同放松方法对运动员焦虑水平的调节作用具有显著的差异。蒋丰、储石生(2007)研究发现,渐进式心理放松训练对于降低运动员的躯体焦虑和特质焦虑水平效果非常明显,并且十分稳定。[1]

(二)常用的放松训练方法

一般来说,放松训练法主要有渐进放松法和自主放松法两种形式。

1. 渐进放松法

渐进放松法是一种重要的心理训练方法,它指通过一定方法与程序使练习者放松肌肉,以达到心理放松的心理技能训练法。这一方法在各种运动的心理训练中都得到了广泛的利用。

(1)准备姿势。与自主放松训练的准备姿势相同。

(2)放松练习。渐进式放松训练强调放松要循序渐进地进行,要求被试在放松前先使肌肉收缩,继而放松,目的是让人们通过比较肌肉收缩和放松后的不同感受而体验到放松感。放松训练要求人们自上而下,按顺序渐进地进行。

渐进式放松训练的具体做法是找一个安静的场所,坐好,尽可能地使自己舒适,最大限度地让自己放松。

首先握紧右手拳头,把右拳逐渐握紧,这样做时要体会紧张的

---

[1] 毛志雄,迟立忠. 运动心理学[M]. 北京:中国人民大学出版社,2015.

感觉,继续握紧拳头,并体会右拳、右手和右臂的紧张感。然后,放松……让右手指放松,看看此时的感觉如何……现在,自己去试试全部放松一遍。……再来一遍,把右拳握起来……保持握紧,再次体会紧张感觉……然后,放松,把手指伸开,再次注意体会其中的不同。……现在,用左手重复这样做。

可用同样的方法放松左手与左臂。接着放松面部、颈部、肩部和上背部,然后放松胸部、胃部和下背部,再放松臂、股和小腿,最后身体完全放松。

2. 自主放松法

自主放松法由德国精神病学家舒尔茨创立,这一训练方法主要是通过指导语诱发练习者自身产生某种感觉体验,使其达到身心放松的一种心理训练方法。这一心理训练方法的内容见表5-2。

表5-2 自主放松练习内容及指导语

练习内容	指导语
沉重感练习	我的……(身体某一部位)非常沉重,感受身体的紧张感
温暖感练习	我的……(身体某一部位)非常温暖,感受身体部位(肌肉)的放松
呼吸调控练习	我的呼吸是舒缓的,由浅入深进行有节奏的呼吸
心跳调控练习	我的心跳是轻柔、缓慢的,能感受到心跳的节奏
额部调控练习	我的额部是凉爽的、放松的,能感受到舒适的感觉
腹部调控练习	我的腹部是温暖、舒适的,具有明显的放松感

(1)准备姿势。

要求训练对象在安静的环境中,保持舒适的姿势,静听带有暗示性的指导语,缓慢地逐个部位地体验肌肉松弛带来的沉重感和血管扩张带来的温暖感,并慢慢进入心理和生理的放松状态。

自主放松训练可采取坐式或躺式两种姿势。坐式:舒适地坐在一张软椅上,胳膊和手放在椅子的扶手或自己的腿上,双腿和双脚采取舒适的姿势,脚尖略向外,闭上双眼;躺式:仰面躺下,头舒服地靠在枕上,两臂微微弯曲,手心向下放在身体两旁,两腿放松,稍分开,脚尖略朝外,闭上双眼。

想象自己套上一副放松面罩,把紧锁的双眉和紧张的皱纹舒展开来,放松面部的全部肌肉。深深地吸气,然后慢慢地呼出,呼出的时间可以是吸入时间的约两倍。

(2)放松练习。

自主放松训练包括六种具体的练习方法:四肢沉重感练习、四肢温暖感练习、心脏调整练习、呼吸调节练习、腹部温暖感练习和前额温暖感练习。

(3)以四肢沉重感练习为例的练习程序。

闭上双眼,从右手开始做起。一边默默地重复下面的句子,一边想着他们的含义:我的右臂变得麻痹和沉重(6~8次);我的右臂越来越沉重(6~8次);我的右臂沉重极了(6~8次);我感到极度平静(1次)。

睁开眼睛,抛掉这种沉重感,弯曲几下胳膊,做几次深呼吸,重新摆好适当的姿势,设想自己又套上放松面罩,重复前边的动作,包括准备动作。

每天做2~3次沉重感练习,每次7~10分钟。用适当的语调逐句重复前边的句子,同时设想自己的手臂正在变得越来越沉重。

练习时不要过度用力,只要全神贯注于这些词句和沉重感即可。如果想象不出这种沉重感,就在两次练习之间举个重物以体会这种感觉,并对自己大声说:"我的胳膊越来越沉重。"

用右臂做3天沉重感练习后,以完全相同的方法用左臂练习3天,最后按照下面的程序来训练:双臂变得麻痹和沉重(3天);右腿变得麻痹和沉重(3天);左腿变得麻痹和沉重(3天);双腿变得麻痹和沉重(3天);四肢变得麻痹和沉重(3天)。[1]

(三)放松技术的运用

通过练习熟练掌握放松技术后,运动员可将其灵活地运用于训练与竞赛实践中去。放松技术通常可在以下几种情况下使用。

(1)表象训练之前。帮助运动员集中注意力,使生成的运动表象更为清晰、逼真、稳定。

---

[1] 杨建峰. 发现你的优势[M]. 汕头:汕头大学出版社,2014.

(2)训练后或临睡前。有助于运动员消除疲劳,使身心得到充分放松。

(3)赛前过于紧张时。帮助运动员减少能量消耗,使唤醒水平处于适宜状态。

在使用放松技术时,运动员要明确自己所要寻求的适宜唤醒水平或放松的目的。在对体力要求很高的赛事前,过于放松比过度唤醒或极度焦虑还要糟。对此,1996年奥运会十项全能冠军丹·奥布莱恩(Dan O'Brien)指出,为了使自己能有最佳发挥,赛前准备时有两项原则很重要。[①]

(1)运动员必须可以在很短的时间内迅速调动起来,然后又可以迅速平静下来。

(2)为了能有最佳发挥,进行90%的努力,不是100%,也不是110%。

第一条原则强调的是掌握放松和激活唤醒的策略,并将其迅速应用于实践的重要性。在为竞赛做准备的阶段,运动员要努力放松,储存能量。但另一个阶段,或许就是几分钟后,他就必须要激活唤醒,做最大的努力。第二条原则强调的是,不论进行何种运动,最佳发挥都不可能是在极度唤醒的情况下出现的(理查德·H·考克斯,张禹译,2003)。

三、暗示训练法

暗示训练是指利用语言等刺激物对人的心理施加一定的影响,进而控制行为的过程。通过这一训练方法,运动者能很好地调节自己的认知、情感和意志,从而实现心理素质提高的目的。

(一)暗示训练的基本原理

大量的研究与实践表明,通过语词进行暗示训练,可以有效调节运动员中枢神经系统的兴奋水平,从而有效地调节运动者的情绪,促使运动者内部发生改变。例如,利用自我暗示法进行训练,"我在吃葡萄,很甜很甜"等,习练者就会感受到吃葡萄的心境,从而产生心理训练的效果。

---

① 武文杰. 健康中国背景下运动健康促进的理论与方法研究[M]. 北京:中国水利水电出版社,2019.

(二)暗示训练的程序

(1)习练者理解语言对情感表达的作用和效果。
(2)找出习练者在训练中存在的消极想法。
(3)习练者如何认识这种消极想法。
(4)消除消极想法的积极暗示语。
(5)视具体情况不断重复相应的句子。
(6)通过反复的练习养成健康的心态。

(三)暗示训练的实施

青少年在进行训练的过程中,应深刻理解这一训练方法的内涵,然后找出消极想法和话语,并用其他积极的话语进行替代(表5-3)。

表5-3 积极暗示语与消极暗示语

消极暗示语	积极暗示语
别紧张,别着急	放松心情,不要紧张
时间不多了,很难获得胜利了	还有机会,我们力争把握住
千万别踢飞了(足球比赛踢任意球)	放松,有节奏的助跑,适当发力
运气真差,分组形势不好	相信本队的实力
这次比赛我发挥不好了	只要我认真做动作,就能取得好的成绩
这场球千万别输在我手上	我一定能进球(足球)并获得胜利
这些观众真讨厌	观众在为我加油,期待我打得更好

四、注意训练法

(一)注意训练概述

对于各种运动来说,人的注意是其顺利参与运动的重要心理要素,所谓的要在运动中集中注意力就是最明显的一点。注意力的集中能力,是指运动员全神贯注于一个确定目标,不受其他内外在刺激干扰而产生

第五章　青少年心理健康教育的途径与手段

分心的能力(周亚琴,2003)。

对于注意力的提升可以通过后天的注意专项训练给予一定的提升,其主要方式为通过各种方法提高注意的稳定性、抗干扰性或提高注意集中程度的过程(张力为,2007)。

任何比赛中运动员要想拥有出色的发挥,都必须全身心地投入比赛,即在整场比赛中都能高度持久地集中精力,力求做到全神贯注、心无旁骛。只有这样,运动员才能充分调动自己的身体、技术和心理潜能,使训练水平在赛场上得到充分展现。

注意力集中对运动员而言非常重要,它是运动员完成运动任务的基本保证。例如,在足球运动当中,持球的进攻球员为了组织进攻,就需要根据场上的局势做出盘带、射门还是传球的选择,这体现了注意的选择性功能;最后做出的正确战术决策体现了注意的分配性功能;守门员在比赛中始终要保持一定程度的警惕,这体现的是注意的警觉性。几乎所有的运动项目都对运动员的注意有较高的要求,所以,对这项心理能力加以训练是非常有意义的。

(二)一般性的注意集中训练方法

1. 纸板练习

准备好两块方形纸板,一块黑色,边长约38厘米,一块白色,边长约5厘米。将白纸板贴在黑纸板中央,挂在墙上,纸板中心高度与眼睛并齐。保证室内光线充足,可以看清楚图案。

先使自己处于放松状态。

闭眼两分钟,想象面前有一块温暖柔软的黑色屏幕,如同未打开的电视屏幕一样。

睁开眼睛,注视图案中心三分钟,此时不要眨眼,也不必过分用力。

缓慢把视线移开,注视空白墙壁。此时墙上会出现一个黑色方形虚像,注视它直到消失。

虚像消失后,闭上眼睛,在头脑中想象那个图像,并尽量保持稳定。

重复完成上述过程。

这套练习可坚持做一周。每天一次,每次约15分钟。

2. 五星练习

准备一块黑色方形纸板,边长约 38 厘米。准备一个白色五角星,宽约 20 厘米。把白色五角星贴在黑色纸板中央,将纸板挂在墙上。距墙约 1 米处坐好,保持放松状态。

闭上眼睛,在头脑中想象一个黑色屏幕。

睁开眼睛,凝视五角星图案两分钟。

把视线移到旁边的墙面,注视上面出现的五角星虚像。

闭上眼睛,在头脑中再现五角星虚像。

也可在室外借助自己的影子做这种练习:站或坐在阳光下,使自己身旁产生影子,盯着影子的颈部看两分钟,然后看淡色的墙壁(如在室外则看天空)。注视影子的虚像,闭上眼睛,在脑海中重现图像。①

3. 想象练习

开始想象练习前,可先练习一周以上的图案观察技术,之后进行下面的练习。

找一个僻静的地方,将灯光调暗,脸朝上躺着。

做一节放松或集中注意力练习。

闭上眼睛,想象有一个温暖、柔软的黑色屏幕。

想象在屏幕上出现一个白方块,边长约 30 厘米,距自己约 30 厘米远,努力使这个图像稳定。

然后想象在屏幕上出现一个硬币大小的黑圆圈,集中注意力看这个白方块中的黑圆圈。

突然整个图像消失,想象这时突然闪过脑海中的各种图像。

这种练习可以帮助回忆过去曾进入大脑的信息。回忆时先闭上眼睛进行自我暗示:"我一定要想起来(名字、事实、地点)。"然后再做记忆练习。②

4. 实物练习

运动员也可以使用身边的运动器材或其他物品随时随地开展注意

---

① 武文杰. 健康中国背景下运动健康促进的理论与方法研究[M]. 北京:中国水利水电出版社,2019.

② 刘青松,段笑林,宋正华. 高校篮球运动教程[M]. 北京:中国水利水电出版社,2015.

集中练习。例如：网球选手可以在训练间隙凝视手中的球或球拍，观察它的纹理、形状、颜色等细节；体操选手可以在休息时专心注视单杠、双杠或鞍马等器材。

运动员随身携带的手表也可用来进行注意训练。训练时集中注视手表秒针的转动，如果能做到 1 分钟注意不离开秒针，就将观察时间延长到 2 分钟、3 分钟。待确定了注意不离开秒针的最长时间后，依此时间重复三四次，每次间隔 10～15 秒。如果能做到注意 5 分钟不转移，就是较好的成绩（周亚琴，2003）。

为了提高注意集中训练的效果，也可以逐步加大上述 4 种注意练习的难度。如刻意让自己在易分心的环境中进行练习，如在播放音乐、电视或相对嘈杂的训练场、汽车站等情境中进行训练，以进一步提高运动员的抗干扰能力。

(三)结合运动训练的注意集中训练

注意集中训练的时间点是非常考究的。最佳的注意集中训练的时间应该穿插在训练之中进行，如此不会使得这种训练看起来太过刻意和突兀。

1. 训练中的口令练习

口令练习是注意训练的一种常见方法。具体的练习方式为指导者喊出某项口令，然后练习者根据口令完成相应的任务。有时为了增加趣味性和难度，还可以要求练习者按照口令的相反意思完成任务，如发"向左转"口令，运动员应"向右转"；发"立定"口令，运动员应为"齐步走"，或者以简单的算数作为叫号的方法等。

另外，为了增强练习者注意的程度，除了上述那些有趣的口令方式外，还可以通过减小口令音量的方式来吸引练习者更加专注地听。

2. 专项性的注意练习

一般性注意训练是提升运动者基本注意能力的方法，然而对于参与不同运动项目的运动者来说，除了应接受一定的一般注意训练外，还应接受专项注意训练。这种训练对于那些经常参加乒乓球、台球等小球类运动项目的运动者尤为重要。

五、合理情绪训练法

合理情绪训练是由美国心理学家阿尔伯特·艾利斯创立的,主要目的是帮助人们建立一定的生活哲学,减少情绪困扰与自我挫败,学会正确面对和处理困难。

合理情绪训练的原理是 ABC 理论,在 ABC 理论模式中,A 指诱发性事件;B 指个体在遇到诱发事件后产生的信念(看法、解释和评价);C 指个体的情绪及行为反应。该理论认为,人的情绪并非由某一事件引起,而是经历该事件的人的看法、解释和评价引起的。

合理情绪训练的训练程序具体如下。

(1)找出使当事人产生异常情绪(紧张)的诱发事件(A)。

(2)分析当事人对诱发事件的信念(B),研究这些信念与当事人异常情绪(C)之间的关系,帮助当事人认识异常情绪产生的原因。

(3)扩展当事人的思维,辩论、动摇并摒弃不合理信念。

(4)不合理信念的消除、减少或消除异常情绪,当事人的思维更加合理、积极,最终摆脱困扰,改善情绪和行为反应。

六、模拟训练法

模拟训练是指在训练过程中,人为地设置某些对象、境况、环境等因素,让运动员在这种复杂的条件和环境下进行训练或比赛。模拟训练能够使运动员的心理发展与外界环境发生一定的适应性改变,在这一过程中,运动员在头脑中建立起合理的动力定型结构,从而使运动员的心理在真实比赛中保持一定的平衡。

在利用模拟训练进行习练的过程中,应根据运动项目特点以及习练者的身体状态等进行针对性的训练。一般来说,模拟训练的模拟对象、模拟内容、训练目见表 5-4。

第五章 青少年心理健康教育的途径与手段

表 5-4 模拟训练分析

模拟对象	模拟内容	训练目的
对手	模拟对手的技战术特点和风格	了解对手,适应对手的技战术打法
比赛关键情境	模拟固定比赛情境(如足球罚点球)和动态比赛情境(比分领先、落后等形势)	帮助运动员克服比赛中的不良心理状态
裁判	裁判的错误判罚	培养运动员服从裁判判罚的能力;培养运动员控制注意的能力
观众	观众对球队的支持和球场上的表现	培养运动员在正式比赛环境中比赛的能力
地理环境	气温、湿度、气压、风力、风向等	提高运动员适应不同地理环境的能力
时差	倒时差	提高运动员时差的适应

第六章 青少年心理健康干预与服务

在当今社会青少年面临的各种各样的压力明显增加,在实际生活中,他们难免会遇到一些不顺心的事情,会遇到各种不顺,从而导致一定的心理问题。在素质教育背景下,青少年心理健康问题已经引起了社会各界的高度重视,对青少年心理危机进行有效的干预,已经成为高校学生工作的当务之急。在此,我们将对青少年心理危机干预的相关问题进行探讨,以增强其心理承受能力和调节能力,实现青少年的良好发展。

第一节 常用心理健康测量量表

一、症状自评量表

症状自评量表(Symptom Check List 90,简称 SCL-90)由 Derogatis 编制于 1973 年,是为了评定个体在感觉、情绪、思维、行为,直至生活习惯、人际关系、饮食睡眠等方面的心理健康症状而设计的。SCL-90 因为具有容量大、反映症状丰富、更能准确刻画被试者的自觉症状等特点,被广泛应用于心理健康状况鉴别和团体心理健康普查。

该量表包括 90 个题项,共 10 个因子,即躯体化、强迫症状、人际关系敏感、抑郁、焦虑、敌对、恐怖、偏执、精神病性和其他。各因子中任一因子分≥2 分,可考虑筛查阳性,需进一步检查。SCL-90 既可以用于自评,也可以用于他评,采用 5 级评分制,一般 20 分钟内可以完成。自评

第六章　青少年心理健康干预与服务

量表受年龄和文化程度的限制,只适用于初中以上文化程度的被试,低年级的儿童不适合使用。①

二、中学生心理健康综合测量量表

　　青少年心理健康量表(MHT)是我国心理学工作者根据日本铃木清等人编制的《不安倾向诊断测验》修订而成的,可用于综合检测青少年的心理健康状况。该测验共有 100 个项目,在这 100 个项目中含有八个内容量表和一个效度量表(即测谎量表)。

　　八个内容量表分别是:学习焦虑、对人焦虑、孤独倾向、自责倾向、过敏倾向、身体症状恐怖倾向、冲动倾向等。每个项目后面有"是"和"不是"两个答案,要求被试根据自己的真实情况进行选择。

　　该测验属于团体测验(也可个别施测)。测验实施时,先发给被试每人一份"MHT回答纸",要求填写上省、市、区、县、学校、年级、班级、学号、姓名、性别、测验日期等。待被试填写好上述各项后,再发下测题本,要求被试根据指导语来进行,边看边听主试朗读,同时做好"例题"练习。待被试掌握了答题方式之后,方可开卷进行正式测试。

　　测验的计分规则是:凡是在"a"上画"○",即选"是"答案者记 1 分;在"b"上画"○",即选"不是"答案者记 0 分。

　　在整个问卷项目中,组成效度量表的项目共有 10 项,它们是第 82、84、86、88、90、92、94、96、98、100 项。如果它们的得分合计起来比较高,则可以认为该被试是为了获得好成绩而作假的,所以测验结果不可信。在解释测验结果时,对得高分的人需要特别注意,尤其是得分在 7 分以上者,可考虑将该份答卷作废,并在适当时候重新进行测验。②

　　除去效度量表项目,将余下的全部问卷项目得分累加起来,即可得到全量表分。全量表分从整体上表示焦虑程度强不强、焦虑范围广不广。全量表分在 65 分以上者,即可认为存在一定的心理障碍,这种人在日常生活中有不适应行为,有的可能表现为攻击和暴力行为等,因而需要制定特别的个人指导计划。③

---

①　张天清.青少年心理健康教育工作手册[M].南昌:百花洲文艺出版社,2018.
②　吴永胜,刘刚.体育与心理健康研究[M].太原:三晋出版社,2009.
③　马云鹏.教育科学研究方法导论[M].长春:东北师范大学出版社,2002.

三、中学生心理健康量表

中学生心理健康量表（Mental Health Inventory of Middle-School，简称 MSSMHS）由王极盛编制于 1997 年。该量表由于覆盖面广，筛选率高，题量少，用时较短，被广泛应用于测查中学生的心理健康状况。MSSMHS 共 60 个题项，包括 10 个分量表，每个分量表由 6 个项目组成。这 10 个分量表分别是强迫症状、偏执、敌对、人际关系敏感、抑郁、焦虑、学习压力感、适应不良、情绪不稳定、心理不平衡。由被试根据自己近来心理状况的真实情况进行自评，采用五级评分制。总量表与分量表的得分越高，表示被试心理健康方面的问题越大。一般 20 分钟内可以完成。

四、青少年生活事件量表

青少年生活事件量表（Adolescent Self Rating Life Events Check List，简称 ASLEC）由我国学者刘贤臣于 1987 年编制，主要适用于青少年尤其是中学生和大学生生活事件发生频度和应激强度的评定。具有较好的信度和效度，而且简单易性，可以自评，也可以访谈评定。被广泛运用于精神科临床、心理卫生咨询和心理卫生调查与研究。

该量表将青少年常见的负性生活事件主要概括为人际关系、学习压力、受惩罚、丧失、健康适应和其他 6 个方面，共 27 题。统计指标包括事件发生的频率和应激量两部分。一般 10 分钟内可以完成。

五、Zung 氏抑郁自评量表

抑郁自评量表（SelF-Rating Depesion Scale，简称 SDS）由 Zung 编制于 1965 年。由于操作简便，能相当直观地反映被试抑郁的主观感受，目前被广泛地应用于衡量抑郁状况的轻重程度及其在治疗中的变化。

SDS 量表采用 4 级评分制，包含 20 个题项，其中 8 个为反向评分。该量表主要反映抑郁状态的四组特异性症状：精神性—情感症状（抑郁心境和哭泣）、躯体性障碍（情绪的日间差异、睡眠障碍、食欲减退、性欲减退、体重减轻、便秘、心动过速和易疲劳)、精神运用性障碍(精神运动性迟滞和激越)和抑郁的心理障碍(思维混乱、无望感、易激惹、犹豫不决、自我贬值、空虚感、反复思考自杀和不满足)。判断指标为"抑郁严重指数"＝各条目累计分/80。其中抑郁指数在 0.50 以下为无抑郁,0.50～0.59 为轻度抑郁,0.60～0.69 为中度抑郁,0.70 以上为重度抑郁。

六、Zung 氏焦虑自评量表

焦虑自评量表(Self-Rating Anxiety Scale,简称 SAS)由 Zung 于 1971 年编制,从量表构造到具体评定的方法,都与抑郁自评量表(SDS)十分相似。它仍然采用了 4 级评分制,其中 15 个为正向评分,5 个为反向评分。共 20 个题项。主要用于评估焦虑者的主观感受,可以评定焦虑症状的轻重程度及其在治疗中的变化,只适用于疗效评估,不能用于诊断。按照中国常模结果,SAS 标准分的分界值为 50 分,其中 50～59 分为轻度焦虑,60～69 分为中度焦虑,69 分以上为重度焦虑。

七、家庭环境量表

家庭环境量表(FES)由 Moss 等于 1981 年编制,广泛应用于描述不同类型正常家庭的特征和危机状态下的家庭状况,评价家庭干预下的家庭环境变化,以及对家庭环境与家庭生活的其他方面进行比较研究。

家庭环境量表的中文第三次修订版(简称为 FES-CV)共有 90 道是非题,结果按 0、1 记分,分为 10 个分量表,分别评价 10 个不同的家庭社会和环境特征,即:亲密度、情感表达、矛盾性、独立性、成功性、文化性、娱乐性、道德宗教观、组织性和控制性。

八、青少年病理性互联网使用量表

青少年病理性互联网使用量表(Adolescent Pathologial Internet Uke Scale,简称 APIUS)是由雷厉和杨洋于 2007 年编制的,主要用于青少年网络成瘾的诊断。该量表是一个自评量表,包括突显性、耐受性、强迫性上网/戒断症状、消极后果、心境改变、社交抚慰 6 个维度,共 38 个题项,采用五点评分制。APIUS 的项目平均分≥3.15 分者界定为 PIU 群体(即病理性使用互联网群体,也可以理解为网络成瘾群体),项目平均分≥3 分且<3.15 分者界定为 PIU 边缘群体,项目平均分<3 分者界定为正常群体。①

九、自杀态度问卷

自杀态度问卷(Suicide Atitude Qusionnaire,简称 QSA)由我国学者肖水源、杨洪、董存惠等人于 1999 年编制,可用于了解存在抑郁情绪及情绪被动性较大的学生是否存在自杀倾向,并及时采取措施。共 29 个题项,分为对自杀行为性质的认识、对自杀者的态度、对自杀者家属的态度、对安乐死的态度 4 个维度,采用 5 级评分制。

第二节　青少年心理健康档案的建立与管理

建立青少年心理健康教育档案,有助于确立具体的、有针对性的青少年心理健康教育工作的目标、内容、方法与途径,有助于青少年心理健康教育工作的诊断、分析、解释与评价;它可以为青少年心理健康教育工作提供操作指南,可以为学生的身心健康发展提供动态的监测手段,可以提高教师教育决策和科学研究的水平,可以为学校的宏观管理提供决策依据,进而为全面提高教育教学质量提供切实有效的帮助。

青少年心理健康教育档案的建立是一项具有很强科学性、专业性和技术性的工作,心理健康教育工作者只有在了解青少年心理健康教育档案的涵义、意义和掌握其建立的原则、一般程序及使用与管理心理健康教育档案的原则要求的基础上,才能建立起科学、经济适用的心理健康教育档案,才能正确使用与管理好心理健康教育档案。

---

① 张天清. 青少年心理健康教育工作手册[M]. 南昌:百花洲文艺出版社,2018.

一、青少年心理健康教育档案建立的程序

（一）确定青少年心理健康教育档案内容

青少年心理健康教育档案的内容，又称心理健康教育档案的项目，是指能从中揭示或了解到的有关学生心理状况、心理特点以及心理健康教育活动过程、效果等方面的材料。它一般包括两大类：一是学生本身的有关资料，二是青少年心理健康教育工作的有关资料。青少年心理健康教育档案中有关学生的资料主要有学生综合资料、心理测评资料以及心理健康教育（主要指心理咨询与辅导）活动记录等三大部分。

（二）搜集青少年心理健康教育档案资料

确定了青少年心理健康教育档案的内容后，就要搜集反映这些内容的资料和信息，这是建立青少年心理健康教育档案的关键。

（三）建立青少年心理健康教育档案

在搜集了学生资料后，就要对每一种资料，尤其是心理测验的结果进行解释，并结合学生基本情况提出教育培养上的建议，然后再建立心理健康教育档案。

二、青少年心理健康教育档案的管理

在搜集和建立心理健康教育档案的过程中，必须加强管理，切实发挥心理健康教育档案在青少年心理健康教育工作中的作用。

（一）建立青少年心理健康教育室

青少年心理健康教育室专门负责心理健康教育档案的建立、使用和管理工作。青少年心理健康教育室应直接由校长领导，使之与学校的德育室、教务室并立，发挥其独特的心理服务功能。心理健康教育工作者必须研究建立心理健康教育档案的内容、类别、使用范围、档案格式，必

须研究学生集体档案和学生个别档案的建立内容、类别、使用范围等。[1]

(二)健全青少年心理健康教育档案的管理制度

各学校对心理健康教育档案的管理应有一个共同的规范要求。心理健康教育工作者有责任搜集、整理资料,并管理好心理健康教育档案。加强心理健康教育工作者的职业道德教育,严格遵循心理健康教育档案的管理制度,尤其是保密制度,心理健康教育工作者不能将学生的心理健康档案随意外借和泄密。中国心理学会、中国心理卫生协会在《卫生系统心理咨询与心理治疗工作者条例》中明确规定了对心理档案的保密原则:"心理咨询与心理治疗工作者应对其病人或来访者的有关资料、病历予以保密;这些资料与病历应单独保管,不应列入医院其他病历之中;心理咨询与心理治疗工作者只有在专业需要的情况下才可与其他专业人员讨论其服务对象的案例。如为专业目的需要采用案例进行教学、科研和写作时,应适当隐去那些可能会据此辨认出服务对象的有关信息。"鉴于此,教育行政部门和档案局应尽快制定一个学校可以操作的心理健康教育档案管理办法。[2]

(三)建立青少年心理健康教育档案计算机管理系统

使用计算机来处理心理健康教育档案材料,建立青少年心理健康教育档案管理系统,实现心理健康教育档案管理的自动化,不仅可以提高工作效率,而且能够保证资料管理和分析的规范与准确,减少失误与差错,还可以从多种角度迅速得到相关资料,为心理健康教育工作提供有价值的信息。青少年心理健康教育档案管理系统的建立,要求青少年心理健康教育工作者和计算机专业工作者密切合作。

青少年心理健康教育档案计算机管理系统的建立应从心理健康教育工作的实际出发,具备功能齐全、适应性强、使用方便和安全可靠的特征。功能齐全具体表现在:在资料输入形式上要多样化,既可直接输入个体或团体测评的原始记录,也可让学生通过人机对话直接测查,还可按资料专门项目输入等;在资料分析处理功能上,应能按测验手册的规

---

[1] 莫雷,张卫,葛明贵.青少年心理健康教育[M].上海:华东师范大学出版社,2003.
[2] 伍新春.心理健康教育概论 2006 年版[M].北京:北京大学医学出版社,2006.

定自动计分、统计处理并给出结果解释,应能提供建议和测评报告,应有个案分析、团体分析和专项分析功能,应能对学生中存在的一些主要心理问题具备预警功能;在资料储存、管理上,应采取档案式管理,以个案储存为主要形式,同时设置综合资料和专项资料的团体分析储存系统;在资料查询上,既可根据学生编号或姓名查询,也可根据学生团体查询,还可根据专项问题查询;在资料输出上,一般应有数据报告、文字报告、列表和作图四种形式。系统的适应性强是指系统应具备兼容性和开放性,便于资料的补充与更新,便于升级。系统的使用尽可能简单易学,朝"傻瓜化"方向发展。此外,系统应具备设置密码的功能,防止无关人员进入系统,提高档案的安全性和保密性。[1]

第三节　青少年心理危机的干预

心理危机是指危机事件带来的威胁和挑战超出了人们有效应对的能力范围,使人们内心的平衡被打破,从而引起混乱和不安,表现出明显的认知、情绪、意识及行为上的紊乱,使个体处于心理失衡的状态。青少年心理危机是青少年由于无法克服主客观因素的负面影响,而产生的一种严重的心理失衡状态。可以通过以下三个因素来判断某一事件是否会成为危机。

第一,有无重大的影响心理的事件,个体对事件发生的意义以及事件对自己将来影响的评价。

第二,个体是否拥有一个能够为自己提供帮助的社会支持系统。

第三,个体是否获得有效的应对机制,也就是个体能否从过去经验中获得解决问题的有效方法。

由于个体在这三个方面可能存在着较大的差异,因此,相同的事件对每个人不一定都构成危机。[2]

---

[1] 姚本先.学校心理健康教育 理论研究与实践探索的整合[M].合肥:安徽大学出版社,2008.
[2] 郭朝辉,程虹娟,李奋生.大学生心理健康教育 第2版[M].北京:科学出版社,2017.

一、青少年心理危机的类型

(一)成长危机

成长危机往往出现在青少年成长过程中有某些重大转变的时候。青少年正处于生理发育的基本成熟和部分心理发展相对滞后的特殊时期,容易受到外界各种各样的影响而产生不同程度的心理危机。例如,刚进入大学的新生可能对环境不适应,以及班级、宿舍等的调整都可能引发心理危机。

(二)人际关系危机

和谐的人际关系既是青少年心理健康的一个组成部分,也是青少年获得心理健康的重要途径。他们的人际关系危机主要是指"在校青少年在与他人相处和交往的过程中表现出的不适、自闭、逃避、自恋、自负以及难以调和的不良心理状态和行为表现"[1]。例如,来自同学之间关系紧张等危机。大学里,来自全国各地或者世界各地的同学汇聚在一起,每个人具体不同的家庭背景、性格、价值观、生活习惯、兴趣等,这些不同必然会带来摩擦冲突和情感损伤,如果得不到妥善的解决,就会产生人际关系上的危机,不利于青少年的心理健康和全面发展。[2]

(三)就业危机

由于社会竞争的加剧,青少年就业越来越困难。有的青少年看不到自己的前途,尤其是那些家庭没有权势、学习成绩不够突出、其他方面的能力又不强的学生,就业的压力就更大,整天忧心忡忡,表现出严重的危机感;有的青少年为了适应市场经济对人才的需求,不断给自己施加压力,逼迫自己在努力学习专业课程的同时,又花费大量时间、人力、财力学习热门专业,这使得自己长时间处于紧张状态,难以以正常的心态面对失败。

---

[1] 朱俊梅. 高职学生心理危机探析[J]. 职业教育研究,2012,(6):23-25.
[2] 许德宽,朱俊梅. 大学生心理健康教育[M]. 北京:清华大学出版社,2009.

(四)学习危机

对青少年来说,学习是主要任务。有的青少年对自己所报考的专业不了解,在学习专业课程时,打不起精神,这使他们内心感到苦闷和不知所措;有的青少年学习方法有问题,花费很多时间参加各类证书考试,结果总是以失败告终,这使得他们精神长期过度紧张,每天精神恍惚,感受着学习方面的巨大压力,甚至出现强迫、焦虑、精神分裂等心理疾病。

(五)情感危机

情感危机是指青少年在感情上遭受到突如其来的重大打击,使他无法控制自己的情绪,从而不能够冷静地、全面地、客观地思考问题,甚至无法维持正常的学习与生活。在极度的悲痛、烦躁、恐惧等消极情绪下,青少年极易失去理智,不能对事情进行正确判断,继而产生攻击行为或者精神崩溃。在青少年中,失去亲人和恋人是最为常见的情感危机,有的青少年因为失去至亲,而变得沉默寡言,拒绝参加集体活动,从而导致性格孤僻,人缘差;有的青少年因为恋爱失败而导致心理异常,甚至做出自杀或者杀害恋人的极端行为,给家庭带来沉重的悲痛。

二、青少年心理危机的特点

(一)普遍性

实际上,心理危机从某种程度上来说是普遍存在的,每个人在人生发展道路上都可能遇到因受挫而造成的危机,这表明个体正在努力适应环境的变化,保持自我与环境的平衡。对处于发展关键阶段中的青少年来说更是如此,大学时期需要探索自我、规划职业人生、适应未来社会多变的环境,这是一个不断打破自身的平衡,寻求新的自我秩序的过程,每个人都可能会遇到各种各样的心理危机。

(二)时代性

心理危机与时代背景有着高度的相关性。当代的社会环境、政治格局、经济发展等各方面对青少年群体的影响有其特殊性,青少年在个人对理想的追求与社会现实的距离中体会到冲突与矛盾。经济发展迅猛,信息爆炸让一部分青少年感觉必须跟上时代,常常害怕自己比不上他人、害怕自己落后掉队,这就导致青少年的压力增大,心理危机产生。

(三)复杂性

心理危机的问题是多种原因造成的,因而心理危机的形成也具有一定的复杂性。同时,它反应的复杂决定了其存在的系统性。心理危机的出现带有很大的随意性,它没有很强的规律可言。心理危机一旦产生,就会随之产生很多复杂的问题。例如,在大学阶段,大学生能获得多方面的满足,包括学业、爱情、专业技能、事业进步等,但同时,他们也承受着巨大的压力,很多事情需要他们自己进行抉择。因此,他们就面对着各种矛盾和冲突,选择和机遇,个人情感与职业发展等任务,一旦处理不好就引发各种心理危机,并且这些危机背后都有极其复杂的原因。

(四)双面性

有的人一提到心理危机就害怕,希望并祈祷它不会降临在自己身上。趋利避害固然是个体的基本心态,但客观地了解与看待心理危机,有利于我们更好地应对它。心理危机具有双面性的特点:危险与机遇并存。其危险在于它可能导致个体的心理失衡乃至病态,严重的甚至可能会自毁和伤害他人;机遇则在于个体寻求解决危机的过程中,会促使个体的改变,带来正面的心理资源,如积极的认知、良好的应对策略、增强挫折的耐受性、提高适应环境的能力,以后能有更多更有效的资源处理可能遇到的其他危机。

三、青少年心理危机的表现

根据心理学的相关理论,青少年面临危机时会出现一系列症状,主要表现在以下方面。

(一)主观方面

第一,表现在情绪方面的变化。出现心理危机的青少年,常出现害怕、焦虑、忧郁、惊恐、猜忌、敏感、暴怒、麻木、自责、绝望、无可奈何等情绪状态。

第二，表现在认知方面的变化。产生心理危机的青少年，将自身置于极度悲伤之中，从而导致认知的变化，如常出现注意力不集中、自卑、健忘、办事效率低、计算和思考理解困难、无工作或生活激情等状态。

(二)客观方面

第一，出现心理危机的青少年，会在躯体方面产生一系列症状，如心慌气短、胸闷、呼吸不畅或窒息感、疲乏、头晕、头痛、失眠多梦、食欲下降、容易受到外界极其细微事件的影响等。

第二，存在心理危机的青少年，会产生一系列行为方面的障碍，如社交退缩、沉默、不能很好地控制自己的情绪、坐立不安、举止僵硬、沉迷于某一不良行为中、极具攻击性、逃避、容易与人争执等。若出现严重的心理危机，还会产生精神崩溃、自杀、杀人等行为。

另外，存在心理危机的青少年平时还具备以下特征。

首先，危机者不能有效集中注意力进行学习和家务活。

其次，与人隔绝、不爱与人接触，常常会采取极端的方式使自己不孤单。

再次，与社会的联系不合理，危机者感到人与人之间距离的遥远，并可能将对自己和对周围的破坏作为解决问题的最终办法。

最后，拒绝他人帮助，认为别人的帮助只能证明自己的软弱无力，其行为、思维、情感不协调一致或产生其他一些异常行为。

四、青少年心理危机的干预过程

心理危机干预是治疗心理危机的有效方法。通过心理危机干预，能够对处于困境或遭受挫折的人以及时、有效的心理关怀和帮助，使其能够正确认识自己所处的心理状态，从而正确看待困境与自身心理障碍之间的关系，消除心理危机。

(一)心理危机的识别

对于任何消极事物最好的解决方法，就是在事态处于萌芽阶段或还没有严重化时,对其进行遏制。因此,心理危机的早期识别对于解决心理危机具有重要作用。那些存在心理危机或有心理危机偏向的学生,往往在情绪上有剧烈波动,或在认知、行为等方面有较大改变,难以应对正常的生活模式。所以有关人员应尽快发现学生是否存在认识或行为上的异常,以及时将其纳入到心理危机预警或干预范畴之列。一般这些异常条件包括以下几种。

第一,遭遇突发事件如地震、亲人离世等而导致心理或行为异常。

第二,患有严重心理疾病。

第三,有自杀未遂史或家族中有自杀者。

第四,患有严重疾病。

第五,因学习问题而产生心理异常。[1]

第六,遭受挫折后出现了心理或行为方面的异常。

第七,人际关系失调后存在心理或行为异常。

第八,性格过于内向、孤僻。

第九,因难以适应环境而导致心理或行为异常。

第十,家境经济负担重而产生了严重的自卑心理。

第十一,身边同学出现危机并受此困扰。

第十二,因其他情绪困扰而存在行为异常。

如果某位学生出现了上述12项中的多种特征,可以判定其具有严重的心理危机,应对其进行重点干预和看护。若出现下列几种情况,也应给予相应的关注。

第一,情绪低落,孤僻,人际关系恶化。

第二,过去有过自杀企图或行为者,表现出痛苦、抑郁、无望感,甚至常有自杀念头。

第三,重大丧失,如亲人死亡、失恋、成绩不理想、疾病、人际冲突等而出现的心理或行为异常。

第四,家族中有自杀史或自杀倾向者。

第五,存在明显的人格缺陷。

第六,长期存在睡眠障碍;物质滥用。

第七,有强烈的罪恶感或不安全,缺乏对自身的认同感。

---

[1] 白芳.学生本位视角下大学生教育管理与实践探索[M].北京:中国水利水电出版社,2019.

第六章 青少年心理健康干预与服务

第八,感到社会支持系统长期缺乏或丧失,或对前途失去信心。

第九,存在明显的精神障碍。

第十,存在明显的自毁性或攻击性行为,或可能对自身、他人、社会构成危害的各种行为等。

(二)心理危机干预的操作过程

1. 判断个体差异性

每个人的成长环境和自身条件都是不同的,因此他所受到的危机也就具有一定的特殊性。因此,心理危机干预要因人而异的灵活处理,而不能机械干预,或刻板、先入为主。

2. 进行自我评价

危机干预者要对自己有全面客观的认识,以正确地应对或处理危机,如果自己难以处理危机,则需要借助转介。

3. 保证危机学生的人身安全

危机干预者采取的方式、选择和策略,必须要保证危机学生的心身安全,还应分析在伦理、法律和职业等方面的合理性。

4. 提供一定的帮助

危机干预者必须完全、积极接纳每一个存在心理危机的学生,对危机学生的经历、感受不作评价,为其提供关怀、体贴、同情等咨询策略。

5. 明确危机学生存在的问题

危机干预者要明确界定危机学生的所有问题,帮助其改变不合理认知,指出其存在的问题,并围绕其核心问题对各个问题进行澄清。对问题严重且具有高度情绪化或防御的学生,要避开回答与问题没有太大联系的事情。

6. 分析可替代的应付策略

正处于危机中的学生对问题的看法往往具有一定的局限性,或沉浸在危机中难以自拔、无法控制。为此,干预工作者应用开放式提问,启发危机学生找出可替代的应付方法。为提高问题解决策略的有效性和针对性,指导者不应将自己认为合适的方法强加给危机学生。

7. 制定可行的行动步骤

危机干预者要协助心理危机者制定短期计划以解决目前的危机和长期应对策略。干预行动应依据危机学生的情况和其所处的环境背景,制定切实可行的活动计划,注意恢复危机学生自主功能。

另外,指导者还应该发挥危机学生的应对优势,从而恢复学生的心理平衡,使其重新获得信心。在干预过程中,要关注危机学生的迫切需要,使干预治疗具有较大的针对性。对一些严重抑郁症、有消极观念或行为的学生,要尽早转介到专科医院治疗。同时,还应该建立和使用工作关系网,形成一个组织性强、专业素质很高的团队共同完成干预工作。为有效调动被干预人的积极性,增加干预者和被干预者的互信,要争取危机学生的承诺与保证。

(三)对心理危机的应对方法

当事人在面对自身遇到的心理危机并能够意识到这种心理危机时,也可进行一定的自我调适。自我调适的目的在于从自身的角度出发来解决危机,使自身恢复到危机前的水平。

1. 重新认知世界

重新认知世界可以改变大学生对自我、对他人以及对整个世界的看法,继而改变大学生的整个生命的价值与意义。自我合理化是大学生对这个世界的万事万物进行认知的方法之一。"所谓自我合理化,就是当一个人遭遇打击时,为自己的失败寻找一个冠冕堂皇的理由,冲淡内心的不安以安慰自己,求得心理平衡。"[1]在各种危机面前,大学生应当学会接受现实,善于把环境合理化。这种方法只要运用得当,能够有效地应对大学生心理危机。

---

[1] 王道阳,涂涛,方双虎. 公共危机事件中青少年心理危机应对与干预[J]. 中国医学伦理学,2009,22(1):86-88.

2. 积极调整自身情绪

心理危机的存在必然导致危机者心理上的极度紧张和沮丧，表现出强烈的不适感和挫折感。通过调整情绪，可以使某些情绪的恶性循环得到控制。情绪调整常采用的方法包括分散转移注意力、找合适的人倾诉、自我对话等。

3. 建立良好的人际关系

在危机期间和危机过后，个体都需要与周围的人保持一种良好的人际关系，不一定是要求他们提供真诚的情感支持，而是与他们保持日常的联系、共同面对生活中所遇到的日常事务，一起分享生活的经验。这有利于遭受危机的个体重新适应社会，还可以分散他们的注意力，使得他们早日从消极、紧张的情绪中走出来。保持良好人际关系的方式可以表现为与朋友一起游玩、看话剧，或者是在公园散步，向朋友倾诉心中的不快。

4. 正确看待危机

在危机的前期，人们对待和应付危机的心态较为积极。但到了危机的后期，个体会产生绝望感或消极避世。因此，心理危机者面对现实，正确应对危机，有利于个体激发自身潜能，从而有效解决心理危机。

下面是有关身心状况自评量表（SRO），如表 6-1 所示。在以下问题中，存在着你自身的某些痛苦和问题，并在过去一个月左右的时间内可能困扰着你的，请回答"是"，否则请回答"否"。

表 6-1　《身心状况自评量表（SRO）》

序号	项目	选项 是	选项 否
1	你是否经常头疼？		
2	你是否食欲差？		
3	你是否睡眠差？		
4	你是否易受惊吓？		
5	你是否手抖？		

续表

序号	项目	选项	
		是	否
6	你是否感觉不安、紧张或担忧？		
7	你是否消化不良？		
8	你是否思维不清晰？		
9	你是否感觉不愉快？		
10	你是否比原来哭得多？		
11	你是否发现很难从日常活动中得到乐趣？		
12	你是否发现自己很难作决定？		
13	日常工作是否令你感到痛苦？		
14	你在生活中是否不能起到应起的作用？		
15	你是否丧失了对事物的兴趣？		
16	你是否感到自己是个无价值的人？		
17	你头脑中是否出现过结束自己生命的想法？		
18	你是否什么时候都感到累？		
19	你是否感到胃部不适？		
20	你是否易疲劳？		

在回答身心状况自评量表这20道问题时，应不与任何人讨论，根据自身实际情况作答。每题评分都为0或1，过去30天内存在症状计1分，不存在计0分。总分高于7分时，则需要考虑寻求心理干预。

5. 创造良好的外部环境

外部环境在很大程度上影响着大学生的心理健康。对于社会而言，要形成公平竞争的良好风气，宣扬积极健康的文化和价值观，对社会上出现的丑恶现象进行有效抑制。对于学校而言，要不断加强校园文化建设，营造积极健康的校园文化氛围，丰富大学生课余文化生活；为大学生提供合理的情绪表达机会，使不良情绪得以宣泄；向特殊群体提供支持与帮助等。

五、青少年心理危机的干预机制

危机干预是对处于危机情境中的个体给予帮助和关心的过程。一般而言,在当事人无法通过自身的调整摆脱危机时,就应该进行危机干预,以防止不良后果的发生。

(一)构建青少年心理危机干预体系

体系建构包括机构的设置、制度的建立等,建构青少年心理危机干预体系首要的任务是设立危机干预中心,明确各部门的职责和任务,并能形成一套完善的运行机制。

1. 建立青少年心理危机干预中心

青少年心理危机干预中心具有危机的预防和干预两大职能,主要包括以下内容。

(1)建立在校生心理健康档案

对青少年进行心理健康状况普查,建立在校生心理健康档案,并对青少年的心理发展持续关注,及时评估、诊断和预警心理危机的高危人群,建立干预对象档案库,并定期追踪观察,以便给予及时的指导和帮助。[1]

(2)提高青少年对心理危机的抵抗力

向青少年宣传普及心理健康知识,使其认识到心理健康对自身成长成才具有至关重要的意义,从而加强对自身心理健康的重视;介绍增进心理健康的途径,传授心理调适的方法,使青少年能够有效消除自己的心理困惑,提高承受和应对挫折的能力;解析心理异常现象,使青少年了解常见心理问题的表现及产生原因,从而能够有效预防心理问题的产生。

(3)普及心理危机救助和自救知识

可以通过开展心理危机专题教育,使青少年基本了解和掌握危机的

---

[1] 武光路. 多维视角下的大学生心理健康教育探索与实践研究[M]. 沈阳:东北财经大学出版社,2017.

含义、特征、救助技巧。

(4)提供心理危机援助

及时为处于心理危机状态的学生提供援助,必要时进行转诊。并做好跟踪援助工作,帮助当事人成功解决心理危机,恢复心理功能和社会功能。

2. 完善青少年心理危机干预的运行机制

实践证明,仅仅依靠危机干预中心的力量是难以有效解决青少年心理危机问题的,因此,青少年危机干预中心必须建立较为通畅的运行机制。

如图6-1所示,"青少年心理危机干预运行机制以干预中心为枢纽,联系着校内学生处、校医院、校保卫处、辅导员和个体社会支持系统,在校外,又与医疗服务机构、心理咨询机构、公安部门建立工作网。危急情况下,要确保图中的各个网络结点之间联系通畅,使危机中的青少年得到及时的预警、帮助和治疗。"[①]

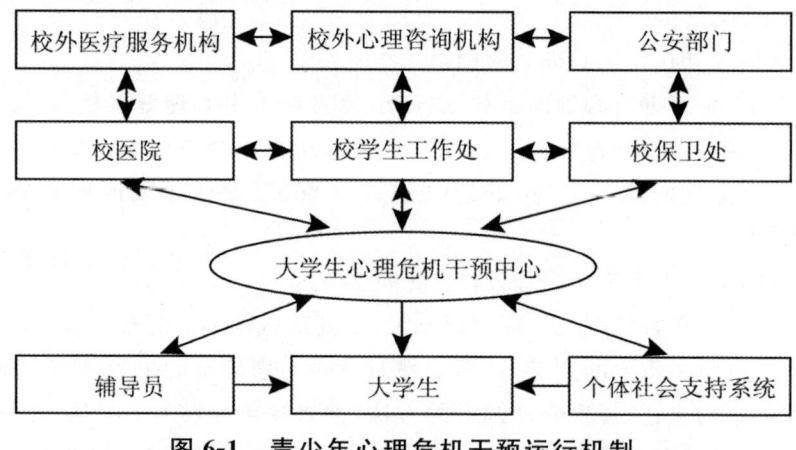

图 6-1 青少年心理危机干预运行机制

(二)建设青少年心理危机干预的队伍

青少年心理危机干预的队伍主要包括专业危机干预工作者以及相关教师(包括学生的辅导员、班主任等)和学生,建设青少年心理危机干

---

① 段鑫星. 青少年心理健康教育[M]. 北京:科学出版社,2015.

第六章　青少年心理健康干预与服务

预的队伍,就要重视专业危机干预工作者的基本素质,重视对相关教师和学生的培训。

1. 重视专业危机干预工作者的基本素质

受过专门训练的心理咨询师作为青少年心理危机干预工作的主力,不仅要具备必要的专业技能和素质,而且不能忽略个人素质的提高。具体而言,专业危机干预工作者的基本素质包括以下几方面。

(1)道德素质

危机干预工作者要做到言行一致,真实诚恳,优先当事人的利益,满足当事人知情选择权。

(2)镇静的心态和充沛的精力

面对失去理智控制的心理危机患者,危机干预工作者应保持冷静、镇定,努力使情况保持在自己的控制范围之内,还要精力充沛,不断地进行自我调整,以保证自己身心长期处于良好的状态。

(3)灵活性与敏捷性

危机干预者必须能够对危机中的问题做出迅速的反应和处理,在危机干预工作中充分发挥自己的主观能动性和创造性,灵活多变,巧妙应对,而不被各种不能变通的条例规定和自己过去的经验所影响和束缚。

(4)能够换位思考

危机当事人的文化、社会经济背景可能具有较大的差异,他们对同一件事情的反映也会有所不同,危机干预工作要能够从当事人的角度理解问题,帮助其尽快与家人、朋友等建立联系。

(5)自我反省能力

危机干预工作者必须了解自己的创伤及其对自己潜在的影响,在具有心理危机的咨询者面前,把握住自己。

(6)丰富的经验

危机干预工作者应具有丰富的生活经验,并能将这些经验应用于各种实际工作之中。

2. 重视对相关教师和学生的培训

教师和学生骨干在心理危机干预工作中发挥着至关重要的作用,因此,应该重视相关教师和学生的培训工作。培训工作可以由校内危机干预中心的专业人员或者校外专家进行。培训内容主要包括讲授心理危机的基本知识,包括:心理危机的含义;心理危机是怎样形成的;心理危机有什么样的表现;心理危机的性质;青少年中常见的心理危机;心理危机的识别、预防和治疗;克服心理危机需要老师和学生共同配合。

(三)利用各种形式开展危机干预

青少年心理危机干预可以通过多种方式来开展,主要有以下几种形式。

1. 个别干预

个别干预是指危机干预工作者与当事人采用一对一的方式来进行交流。这种干预方式适用于心理危机比较严重或心理危机患者明确要求保密的干预。

个别干预有利于营造良好的咨询氛围,使得处于心理危机中的人能够放松警惕,真诚交流,危机干预工作者也可以较为密切地关注处于心理危机中的人,适当地采用各种干预技术,以防止心理危机趋于恶化。因此,个别干预的效果通常较为理想。

2. 团体干预

团体心理咨询是将心理问题相同或相似的人组成小组在同一时间、同一地点进行干预,让小组成员通过相互之间的交流、沟通,分享各自的焦虑之情,进而发自内心地接纳自己的危机反应,并通过观察别人,考虑应对心理危机的方法。这种干预心理危机的方式适合经历重大突发事件的危机人群。例如,针对大学新生而开设的以解决青少年适应问题而开展的团体干预;针对网络成瘾的青少年而进行的团体心理干预;针对贫困生这一群体普遍的心理问题而进行团体心理干预等。[1]

3. 电话干预

实践证明,热线电话能够在很大程度上帮助具有自杀动机的人走出心理危机。由于电话咨询的心理干预活动完全依靠有声语言判断处于心理危机中的人的精神状态,因此要求干预人员具有较高的交谈技巧和

---

[1] 梅宪宾. 大学生心理健康教育[M]. 长春:吉林大学出版社,2011.

第六章 青少年心理健康干预与服务

聆听能力以及一定的临床经验和判断能力。危机干预工作者为了表达自己对处于心理危机中的人的关注,应当耐心聆听并进行语言附和。同时,还要对处于心理危机中的人的处境和感受表示理解、接纳,向处于心理危机中的人予以支持和鼓励,端正其对自我的评价以及对周围事物的认识,但不要急于向其提供解决问题的方法。电话干预具有相当强的保密性和即时性,但也有缺点,最好实现电话干预与面对面等其他干预形式相结合,起到初步收集信息、提供转诊建议等作用。

4. 网络干预

网络干预特别受青少年的青睐。目前在网上对处于心理危机的人进行干预,主要通过电子邮件、网上聊天等方式。电子信件以其价格低廉、方便快捷、保密性强等特点弥补了传统书信咨询的不足;网上聊天咨询不仅具有电子信件的优点,而且显得更为即时和顺畅,广泛运用于青少年心理危机干预中。但是,网络干预不利于危机当事人和干预者之间信任的建立,难以取得理想的干预效果。随着语音聊天、视频聊天等的普及,网络干预的这种不足将得到弥补,从而在心理危机干预领域中发挥极大的作用。

5. 班级干预

班级环境下的危机干预具有明显的优势:首先,作为辅导老师的班主任或专职心理辅导员对本专业学生学习、生活的特点较为熟悉,能够更加有效地实施心理危机干预工作;其次,班级文化氛围、同学之间的友谊都是心理危机干预中强大的支持力量;再次,同一个班级的同学相互之间易于沟通与联系,便于开展心理危机干预工作;最后,班级组织形式较为固定,有助于心理危机干预工作逐渐趋于常规化,从而取得理想的心理危机干预效果。

另外,在班级层面实施心理危机干预,是青少年心理健康教育工作最基础的环节和最根本的保障,只有做好青少年心理危机干预工作,将这种工作经常化、规范化、制度化,将能够促进青少年心理不断趋于健康。[1]

---

[1] 童三红.构建高校班级层面的危机干预体系[J].黄冈师范学院学报,2004(6):89-93.

第七章 青少年常见的心理问题及应对策略

青少年是国家未来的栋梁,其心理健康与否,不仅影响个人的学习和成长,而且直接关系到国家和民族的兴衰。但是,由于青少年的身心发展尚未完全成熟,自我调控能力相对较弱,因此在生活节奏越来越快,竞争越来越激烈的今天,在校青少年中出现心理问题的人数比例有逐年上升的趋势。由于影响青少年心理健康因素来自社会、家庭、学校及学生自身的身心状况等方面,青少年心理健康的维护也需要引起学生、家庭与社会的关注。重点是青少年要关注个体心理健康,做到心理健康的自我维护,学校要开展有效的心理健康教育,社会、家庭协调努力,共同提高青少年的心理素质。

第一节 青少年心理健康的标准

一、多维视角下的心理健康标准

(一)心理测量与统计学的标准

从心理测量与统计学的视角,可以通过标准化的心理测量量表来判断个体的心理是否健康。这种心理健康标准作为一种规范化、标准化的检测模式,具有较高的信度和效度。但是,由于真正适合中国文化背景的心理测量量表太少,而且一般来说它必须通过专业人员实施操作并解释结果,因而其在实际应用上存在较大的局限性。

第七章　青少年常见的心理问题及应对策略

(二)主观觉察经验判断的标准

在心理健康方面,可以通过个体的主观觉察与经验判断来判定心理是否正常。这其中有两个层面的意义,一方面,是个体自己的主观觉察与经验判断。通常情况下,有心理问题的人或多或少能够感觉到自身存在的一些心理异常的症状,并觉察到由此给自己的身心带来的不便和痛苦。以"强迫症"患者为例,这些人经常表现出一些无意义甚至不合理的行为,有的人总是频繁地洗手,有的人反复检查门是否锁好等,他们自己明知这些行为不妥,但又不能控制自己,深以为苦。在现实中,也有一部分有心理问题的人坚决否定自己的"不正常",比如躁郁症患者,这种讳疾忌医的防卫行为,恰好可以作为其心理异常判断的标准。另一方面,是研究者的主观觉察与经验判断。这种标准模式是以个体主观的经验判断为准绳,因而操作较为方便,但是也具有较强的主观色彩和个体差异性。

(三)能否适应客观环境的标准

这里所说的能否适应客观环境的标准,是一种通过社会常模或生活常识来判定个体的心理行为适应是否正常的评估标准。人是社会中的人,心理正常的人,其行为应该符合社会准则、道德规范。这是一种易于掌握、符合常识的检测模式,但由于不同的社会具有不同的社会行为规范,而且社会规范本身也在发展变化,在这种条件下,以社会适应为标准判断就具有明显的差异性和局限性。

(四)病因和症状存在与否的标准

在人类社会中,有一些不正常心理现象或致病因素在正常人群中是不存在的,对于这种情况,病因和症状存在与否也可以作为判断心理是否健康的标准。这种检测标准属于一种临床医学与精神病学的检测模式,具有更高的专业性和更窄的适用性;而且由于心理异常现象往往都是多种因素造成的。由此可见,并不是所有的心理异常都可以凭一种诊断手段、技术加以确定。[1]

---

[1] 刘栋,薛少一. 当代视阈下青少年心理健康教育理论与实践研究[M]. 北京:中国书籍出版社,2018.

二、心理健康的理论标准

为了能够把握心理是否健康,中外心理学家从不同研究角度对心理健康提出了不同的判断标准,了解这些标准可以对心理健康有更深刻的认识。

(一)国外心理学家提出的标准

1. 马斯洛提出的心理健康标准

马斯洛认为,心理健康的人要具有自我实现的人格特征。自我实现的人格特征主要表现为以下内容。

第一,他们拒绝幻想,比一般人更有效地知觉现实,并更能适意地在现实中生活。

第二,有自发性,率真。

第三,能接纳自己、他人以及客观现实,接受不足,现实地看待各种问题,同周围的环境保持良好接触。

第四,以问题为中心,专注于任务、职责和使命。

第五,有着高度的自主性,不容易受他人、文化环境等的影响和左右,意志坚定。

第六,有独处和自立的需要,以更好地集中于感兴趣的问题或是沉思默想,有充分的自我安全感。

第七,能够欣赏生活,感受普通生活的新鲜,经常有新的愉快体验。

第八,与少数朋友和亲爱的人有一种忠实、亲密、充满爱意的关系。

第九,常有"高峰体验",感觉个人与周围环境融为一体。

第十,有"共同感",认同、同情和喜爱整个人类。

第十一,善意的幽默感。

第十二,拥有民主的性格结构,能够自发地平等对待他人。

第十三,拥有强烈的道德感和独立的善恶判断能力。

第十四,抗拒文化适应,能对自己所属的文化中的矛盾或不公采取批判的态度。

第十五,富有创造性,不喜欢陈旧的东西,永远对未知世界有着浓厚

第七章 青少年常见的心理问题及应对策略

的兴趣。①

2. 杰何达提出的心理健康标准

美国心理学家杰何达认为应该从六个方面建立心理健康的标准,台湾学者黄坚厚、张春兴也持相似的看法。

(1)对自己的态度。第一,有意识地适当探索自身。第二,自我概念现实。第三,能够接受现实的自我,正确评价自己。第四,心理认同感觉明确、稳定。

(2)成长、发展或自我实现的方式及程度。能够很好地实现自己的各种能力及才干,实现各种较高目标。

(3)主要心理机能的整合程度。第一,心理能量趋于适宜的动态平衡。第二,有完整的生活哲学。第三,在应激条件下能坚持、忍耐和应付焦虑的能力水平。

(4)自主性或对于各种社会影响的独立性。第一,遵从自身的内部标准。第二,行为有一定之规。第三,行为独立。②

(5)对现实知觉的适应性。第一,没有错误的知觉。第二,重视实际证据。第三,能敏锐觉察、共情他人的内心活动。

(6)对环境的控制能力。第一,人际关系适宜。第二,能够适应环境的要求。第三,具有适应和调节自身的能力。第四,能有效地解决问题。

3. 坎布斯提出的心理健康标准

美国学者坎布斯认为一个心理健康、人格健全的人应该符合以下几条标准。

第一,自我概念积极。

第二,恰当地认同他人。

第三,面对和接受现实。

第四,主观经验丰富,随时取用。

4. 奥尔波特提出的心理健康标准

美国人格心理学家奥尔波特认为心理健康包括以下几个方面的

---

① 李雯. 心灵培育 青少年心理健康问题研究[M]. 北京:中国水利水电出版社,2019.
② 舒伯阳,廖兆光. 旅游心理学[M]. 沈阳:东北财经大学出版社,2011.

内容。

第一,自我意识广延。

第二,人际关系良好。

第三,情绪安全。

第四,知觉客观。

第五,掌握广泛的技能,能专注于工作。

第六,自我形象现实。

第七,内在的人生观统一。

5. 哈威哥斯特提出的心理健康标准

在综合许多心理学家意见的基础上,哈威哥斯特认为个体具有以下几方面的心理特质即为心理健康。

第一,拥有幸福感。

第二,内在与环境和谐。

第三,拥有自尊感。

第四,个人获得成长,即潜能得到发挥。

第五,个人趋于成熟。

第六,人格是统整的。

第七,个人与环境保持着良好的接触。

第八,能够有效地适应环境。

第九,在环境中能够保持相对的独立。

6. 世界卫生组织提出的心理健康标准

第一,人格完整,自我感觉良好,情绪稳定且积极情绪占主导地位,自控能力良好,能保持心理平衡,能自尊、自爱、自信、自知。

第二,有充分的安全感,且能保持正常的人际关系,能受到他人的欢迎和信任。

第三,对未来有明确的生活目标,并能切合实际地不断进取,有理想和事业上的追求。

(二)国内心理学家提出的标准

根据我国民族文化特点,国内学者也提出了各自的心理健康标准。

第七章 青少年常见的心理问题及应对策略

1. 王登峰等人提出的标准

心理学家王登峰等人根据各方面的研究结果,归纳总结出了以下几条有关的心理健康标准。

第一,了解自我,悦纳自我。

第二,接受他人的缺点与不足,善于与人相处。

第三,热爱生活和工作。

第四,接受、适应现实,志于改变现实。

第五,能协调与控制情绪,心境良好。

第六,人格和谐。

第七,智力正常。

第八,心理行为与相应的年龄特征相符合。

2. 蔡焯基教授提出的标准

中国心理卫生协会理事长蔡焯基教授提出了中国人心理健康六条标准。

第一,情绪稳定,有安全感。

第二,正确认识评价自我,接纳自我。

第三,能够自觉地进行自我学习,独立生活。

第四,人际关系和谐良好。

第五,角色功能协调统一。

第六,能够很好地适应环境,应对挫折。

3. 王效道提出的标准

我国著名心理学家王效道认为健康心理应具备下列八项标准。

第一,智力正常,能正确反映事物。

第二,心理行为特点与生理年龄特征基本相符。

第三,情绪稳定,积极适应情境。

第四,心理与行为相互协调。

第五,人际关系的心理适应协调。

第六,行为反应适度,既不过敏,也不迟钝。

第七,在符合社会规范的前提下能实现个人动机,满足基本需求。

第八,自我要求与自我实际基本相符。

王效道还指出可以通过适应能力、耐受力、控制力、社会交往能力、康复力等对心理健康水平进行评量。

总之,心理健康的标准迄今为止还没有获得统一。需要指出的是,人的心理状态并不是固定不变的,它随着个体的成长、时间的推移、环境的改变而不断发展变化。也就是说,上述的心理健康标准中的一些条件具有差异性、历史性,因此,不能通过某次、某时、偶尔的行为和情绪反应作判断,而是要从整体上来进行判断。[1]

三、青少年心理健康标准的内容

心理健康是指人们对于环境及其相互间具有最高效率及快乐和谐的适应情况。在这种情况下,人能愉快地接受生活的规范,保持镇静的情绪、较高的智能,具有适应于环境的行为。那么我们怎样判断自己或别人处于心理健康状况呢?一般认为,心理健康主要包括以下几个特征。

(一)稳定的情绪

一般来说,人们对周围发生的事情或新鲜的事物都会产生一定的情绪反应,这些情绪反应有时存在着较大的差别,如喜、怒、哀、乐等。有时候人的表现是积极乐观的,有时候又是犹豫的,有时还会出现惊慌失措、急中生智等应激反应。正因为这样,人们才拥有了丰富多彩的生活,在生活中获得了丰富的情感体验。

人的情绪有积极情绪和消极情绪两种,一个心理健康的人通常表现出积极的情绪,如愉快、满意、乐观等;而在出现一些心理问题时,人通常就会表现出忧、愁、悲等消极情绪。对于具有良好心理素质的青少年而言,要合理地控制自己的情绪,做到不以物喜不以己悲,知足常乐,以积极乐观的心态看待这个世界和发生的事情。在平时的生活和学习中,如果青少年出现了消极的情绪和不良的情感,就需要找出症结所在,及时调整自己的情绪,让自己回到正常轨道上。

---

[1] 范朝霞,毛婷婷.新时期青少年心理健康问题与对策探究[M].北京:中国书籍出版社,2017.

第七章 青少年常见的心理问题及应对策略

(二)协调的行为

心理健康的人,思想与行动是统一的、协调的;行为举止是适度得体、有条不紊的;做起事来是按部就班、有头有尾的;行为反应是适度正常的。特别需要提及的是,反应适度是心理健康的一个重要标志。人的反应存在着个体差异,但这种差别是有一定限度的,不会出现过分的迟钝或不正常的敏感。

(三)正常的智力

智力是人的一项重要能力,智力水平如何将在很大程度上影响青少年的健康发展。人的智力结构是非常复杂的,包含各方面的要素。一般来说,能够考上大学的青年人,其智力都在常规水平之上。但需要注意的是,仅仅依靠智力,人是无法取得成功的,青少年不仅要具备智力,同时还要付出巨大的努力,这样才有可能取得成功。另外,人的智力还会受到一些非智力因素的影响,需要引起重视。

(四)健全的人格

人格一词在语义上有两种解释:一是伦理学的解释,指人品、品格;二是心理学的解释,指人的个性,主要包括性格和气质两部分。这里我们从心理学的角度探讨人格。人格是多维的、多层面的。我们不可能十分明确地勾画出人格的全部,但健全的人格应具以下几个特征:①具有积极进取的生活态度和科学正确的人生观。②具有朝着目标前进的坚忍不拔的意志力。③具有从经验中学习,不断完善自己的能力。④具有乐观热情,少嫉妒心,无过分占有欲的性格。

(五)良好的人际关系

拥有一个良好的人际关系对于青少年的心理健康以及自身的未来发展而言都具有重要的意义,青少年要在平时的学习和生活中注意提高自己与人交往的能力。

(1)青少年要乐于同人交往,提高与人沟通与交流的能力。

(2)不断提高自己,悦纳别人,取人之长,充实与完善自己。

（3）进行世界观、价值观、人生观教育，建立正确的学习动机。
（4）富有同情心和友爱心，尊重他人，信任他人。
（5）努力培养和提高自己的团队合作意识，形成团结协作的集体主义精神。
（6）独立思考问题，能听取他人的意见和建议。
（7）与异性交往时保持热情和理智，加强沟通与交流。

（六）正确的自我评价

正确的自我评价要求对自己的认识比较接近现实，比较有自知之明，能比较恰当地评价自己，给自己确定切合实际的生活目标和理想；对自己充满信心，努力发展自己的潜能，对自己无法弥补的缺陷也能安然处之。

青年时期是人一生中极为重要的一个时期。由于社会的发展，独生子女的增多等原因，现代青年身体早熟而心理晚熟，形成身心发展失衡，其心智能力有时无法控制身体早熟而衍生的冲动，这是当前青年异常行为问题增多的原因。作为青少年应该明确心理健康的标准，了解心理健康的特征，主动地积极地提高自己的心理健康水平。

第二节 青少年常见的心理问题

社会经济的发展必然带来一系列的社会矛盾，特别是生活压力的日渐增大，对于当代青少年来说，他们面临的压力除了学习竞争之外，还有就业、恋爱、升学、留学等诸多压力。再加上多年以来的计划生育政策使得独生子女在当代青少年中占到了大多数，父母亲人的宠溺使得他们在一定程度上出现了心理障碍。

一、青少年常见心理问题的表现

当代青少年在心理上的问题表现如下。

第一，自我中心意识明显，很少体会到别人的感受。当代青少年生长在经济快速发展的时期,生活在比较富足的环境中,没有历史造成的沉重的苦难经历,在社会上竞争意识凸显,但社会规则和规范意识相对淡漠。当代青少年大多为独生子女,童年时期缺乏同龄伙伴,父母的溺爱使其缺乏对生活的体验和感悟,情感体验肤浅,心中往往只有自己,很少站在别人的立场看问题。

第二,行为举止易与习俗冲突,而不被社会接纳,进而产生敌意和逆反心理。由于当代青少年受中国传统观念的影响较小,思想意识与现实容易发生冲突,在心理上觉得自己的权利没有得到尊重,因此出现逆反心理、人际关系紧张。

第三,急功近利,盲目攀比,缺乏执着的奋斗精神。社会的转型、市场经济的大潮使社会经济利益面临着新的调整与改变,市场经济本身的负面效应及某些传媒的误导,使得当前社会上拜金主义、享乐主义和极端个人主义的思想迅速滋生与蔓延。社会价值导向失衡,引起部分青年学生的人生观、价值观强烈振荡。媒体宣传的"造星运动",使许多人一夜成名、一夜暴富,这对青少年的负面影响极大。他们也幻想有朝一日奇迹发生,自己一夜成名。而对于成功人士的奋斗史则视而不见,不注重能力的积聚与培养。表现在学习上就是,眼前有用的则学,眼前无用的不学,出现极端浮躁的心理现象。

第四,适应能力差,受挫折后容易自我封闭。到大学新环境后,这些家庭中的独生子女开始独立生活,学习方面、人际关系方面的新问题,使有些学生出现了悲观、焦虑、失落、自卑等不良情绪。学习无效率,生活无意思,把自己的情感封闭起来,若再有应激事件发生,就很容易极端发泄,造成严重后果。

二、青少年常见的心理问题

(一)学习问题

青少年常见的学习心理问题主要包括以下几方面。

1. 学习焦虑

学习焦虑是指学生由于不能达到目标或不能克服障碍、威胁,导致自尊心、自信心受挫,失败感增加的一种紧张不安、恐惧的状态。学习是一个非常艰苦的过程,因此不论是学习优秀的学生,还是学习困难的学生,都会经常体验到学习带来的各种压力,并由此引发不同程度的焦虑。一般而言,适度焦虑对于学习是有益的,可以使学生精神高度集中、思维活跃敏捷、行动积极努力、学习效率提高。但过度的焦虑会影响学习效率,影响正常水平的发挥。学习焦虑的产生原因主要包括以下几方面。

第一,学习期望值过高。有些学生对自己实际的能力缺乏正确认识,所树立的学习目标远远超过实际水平,同时自信心又不足,心理压力很大,内心常常潜藏着一种恐惧感,久而久之便形成了严重的学习焦虑。

第二,能力原因。部分青少年,知识经验储备不足,学习效率不高,记忆提取困难,常常难以取得好成绩。在外在压力下,他们感到自卑自责,产生焦虑。焦虑使其注意力难以集中,学习成绩进一步下降,从而更加焦虑和自卑,形成恶性循环,最终导致学习焦虑。

第三,个性原因。性格敏感、易焦虑的青少年往往容易因学习上的失败或挫折体验挫伤自信心和自我效能感,从而产生学习焦虑。

第四,身体状况。体质虚弱、疲劳过度、经常失眠的学生,容易产生较强的情绪波动,导致学习焦虑。另外,由于个体受父母遗传基因的影响而在神经类型的强弱上有所不同,使得有些人对刺激容易产生紧张反应,这也容易产生学习焦虑。

此外,家庭、学校的期待和社会环境的压力也是造成学生学习焦虑水平过高的外在因素。

青少年的学习焦虑在生理上主要表现为肌肉紧张、心率加快、呼吸急促、头晕、多汗、恶心、睡眠不良、食欲不振、胃肠不适等;在心理上主要表现为忧虑、紧张、恐惧、坐立不安、慌乱,面对繁杂的学习内容心乱如麻、茫然无绪,思维紊乱、不知所措,记忆力减退,思维迟钝,情绪抑郁、易怒、烦躁、不安,缺乏自信心,学习效率下降等。

2. 学习疲劳

学习疲劳主要是指因长时间不断学习,在生理和心理方面产生的劳累,甚至头晕目眩不能继续学习的状态。学习心理研究表明,一般需要集中注意力、积极思维和加强记忆的学习活动,都容易产生学习疲劳。

通常来说,学习疲劳可分为生理疲劳和心理疲劳。其中,生理疲劳表现为眼睛发疼发胀、肌肉痉挛、腰酸背痛、打瞌睡等。心理疲劳则常常

第七章　青少年常见的心理问题及应对策略

表现为注意力涣散,思维迟钝,情绪躁动、厌烦、忧郁、易怒等。

由于学习环境不良,学习压力过大,学习时间过长,不注意劳逸结合,营养供应不足,睡眠时间不足等原因,会造成青少年生理疲劳的现象。长时间的生理疲劳会对青少年的学习产生不良影响,影响其身心健康。

除了因生理疲劳造成的心理疲劳外,还有因学习内容单调、难度过大,学习过于紧张而造成大脑神经持续处于高度紧张状态,或是由于家庭经济问题、思想问题等产生的心理疲劳。

总的来说,学习疲劳经过适当的休息即可得到恢复,但如果长期处于疲劳状态,大脑相关部位持续保持兴奋,会导致大脑兴奋和抑制过程的失调,甚至可能会引起神经衰弱。

3. 考试焦虑

考试焦虑是一种由于面临考试而引起的紧张、不安、恐惧等情绪体验。适度的考试焦虑可以使青少年在考试时保持适度紧张,有利于集中注意力,但过度的考试焦虑则会对考试产生不良影响,甚至对青少年的身心健康造成潜在危害。考试焦虑产生的原因主要包括以下几方面。

第一,知识掌握不到位。考试是对所学知识的检验过程,如果学生知识掌握不到位,自然就会觉得心中没底,从而感到忧虑。知识的掌握是一个长期积累的过程,但一些青少年上课不认真听讲,课外也没有认真复习和完成作业,而指望在考前前几天突击背诵知识要点,把需要一个学期积累的知识和经验压缩到一个星期,这就违反了学习规律,对知识的掌握也必然是不牢固的。由于对考试的准备不足,青少年自然会产生一定的焦虑感。

第二,外在环境给予了过大的压力。随着社会竞争的日益激烈,父母、老师都希望青少年更加优秀,他们对青少年寄予了很高的期望值。比如,父母会说"这个学期的考试一定要考好,一定要把一等奖学金拿到手";老师会说"这次英语六级一定要通过,很多企业是非常看重你的英语水平的"。这些外界所给予的期望值往往会给青少年造成一定的压力,使其更加担心考试失败,会令父母或老师失望,从而产生了考试焦虑。

第三，主观赋予考试更多的意义。有些青少年在考试之前，都会有"我一定要通过这次考试，要不然就太没面子了""这次我一定要考好，否则就拿不到奖学金了""这次要考不好，我就失去了改变命运的机会"等类似的想法，把考试跟荣誉、面子，甚至是前途、命运联系起来，而当一个人把考试作为影响自己的重大事件，对其产生了较高期望值时，他就会十分在意自己考试的结果，无形中给自己增加了很多的压力，考试焦虑水平也会相应提高。事实上，考试只是对一个人学过的知识的检验过程，青少年应该用平和的心态去看待考试。

青少年考试焦虑主要表现为情绪紧张、烦躁。在考前前几天有时会出现失眠、头痛、头晕、厌食等现象；在临考时有时会出现手足出汗、发冷、发抖、大脑空白、心慌气短、频频上厕所等生理或心理反应；在考场上有时会出现注意力难以集中、坐立不安、心跳加快、呼吸急促、头昏、出汗等现象，严重者甚至可能会出现全身发抖、晕倒的现象。

4. 缺乏学习动力

缺乏学习动力是指学生学习没有内在的驱动力，没有明确的学习方向，也就是有的学生常讲的"学习没劲"。概括来说，青少年缺乏学习动力的原因主要包括以下几方面。

第一，学习动机不明确。学习动机不明确也是青少年缺乏学习动力的重要原因。许多青少年对于自己为什么学习、为什么读书、为什么上大学等问题，并没有明确的答案，或者都是回答说为了父母，为了找一个好工作等。这就说明青少年缺乏崇高、具体的学习目的，因此缺少或者根本没有什么奋发向上、努力学习的原动力，从而对学习基本上采取一种放任的态度。

第二，对所学专业缺少兴趣。心理学认为兴趣是力求认识、探究某种事物的心理倾向，是一个人对某事物所抱的积极态度。如果对所学专业没兴趣，那就必然不会有学好它的积极态度。在高考填报志愿时，由于学生和家长对专业缺乏了解，到校学习后才发现对本专业并不喜欢；又或者是由于家长的意志，家长从当前社会就业"热点"出发为子女填报了所谓好找工作又挣钱多的专业，事实上学生本人对家长选定的专业并无兴趣；还有些青少年则是受考试成绩的限制，只能服从分配，不具备选择专业的条件。因此，对所学专业缺少兴趣是造成学习动力缺乏的重要原因之一。

第七章　青少年常见的心理问题及应对策略

第三,错误归因。归因是个体寻求导致某种结果原因的一种心理倾向。归因一般可以分为内归因和外归因;稳定性归因和非稳定性归因。其中,内归因是指主要把成败归结为自己的能力与努力,外归因主要把成败归结为外在任务的难度和机遇;稳定性归因主要把成败归结为任务的难度和自身能力不够,而非稳定性归因则主要把成败归结为机遇和努力。对于青少年来说,其采取归因的不同,他们的学习动力和学习态度也会不同。

第四,外部原因。主要是指来自家庭、学校和社会等方面的原因。在家庭方面,有的家庭急功近利,家长更多考虑的是什么专业热门、好就业,就让子女学什么专业,而根本不考虑青少年自己是否对这些专业有兴趣等。在学校方面,目前我国大多数高校存在专业设置过细,课程设置不合理,并且教学内容陈旧,教学方法刻板、脱离实际等问题。在社会方面,我国自改革开放以来,随着商品经济大潮的剧烈冲击,知识贬值、脑体倒挂的问题长期没得到根本解决。

这些因素都会对青少年的学习造成不良影响。

青少年缺乏学习动力主要表现在以下几方面。

第一,注意力分散。缺乏学习动力会使学生注意涣散、兴趣转移,易受各种内外因素的干扰,因而上课不专心,不能集中精神思考问题,课后不肯下功夫复习巩固所学的知识。作业不认真、满足于一知半解,对学习基本采取的是"对付"的态度。

第二,逃避学习。不愿上课,上课也无精打采,不能积极思维;课后不学为妙,常把主要精力放在打扑克、下棋等与学习无关的活动上;无成就感、无抱负,无求知上进的愿望。

第三,缺乏自尊心、自信心,学习不好不觉得丢面子,考试成绩不及格也不在乎。这些学生缺少必要的压力、必要的唤起水平和认知反应,因而懒于学习。

第四,缺乏适宜的学习方法。缺乏学习动力的学生由于对学习总体上是一种消极的态度,所以也不可能努力地探索一套适合自己的学习方法,因而难以适应紧张、繁忙的学习情境。

第五,厌倦、冷漠的情绪。缺乏学习动力常会使学生产生冷漠厌倦情绪,想到学习就头痛,硬着头皮上课,无心写作业;有的学生为了一纸文凭不得不天天应付,有的学生甚至干脆辍学回家。

(二)情绪问题

1. 抑郁症

抑郁症表现为一种持久和严重的情绪低落、沮丧、压抑、苦闷,引发的原因是缺乏自信,性格内向、闭锁、怯懦,或认知方面存在片面、错误、不合理的观念与方式。以持久性情感抑郁为特征。抑郁状态在中学生中相当普遍,应加以足够的注意。

抑郁状态发展到一定程度就会成为抑郁性神经症。抑郁在认知上一般表现为自我评价比较低、自责愧疚、对未来悲观失望等;情感上一般表现为沮丧、悲伤、闷闷不乐,甚至绝望;行为上一般表现为萎靡不振、沉默寡言、兴趣减少、行动迟缓、不想活动等。

(1)抑郁的表现。为了便于教师对青少年学生中出现的一般性抑郁情感有一个清晰的把握,以便于及时疏导,这里归纳出抑郁情感较为典型的五个方面的症状表现。

①消极的情感表现。在抑郁情感的症状表现中,消极情感最为典型和突出。具体表现为情绪低落、心情较差,绝大多数时间愁眉不展、郁郁寡欢、闷闷不乐,给人一种心事重重的感觉,有时会独自一人发呆、唉声叹气等。

②兴趣索然、缺乏活力。抑郁者对学习、工作、日常活动(包括业余爱好和娱乐活动等)的兴趣都有明显的下降,对什么都提不起兴致,热情减退,懒散乏力,少言寡语,显得有点萎靡不振。

③社会活动性降低。抑郁者社会活动性明显降低,基本上不主动参加学校、班级以及同学之间的活动,消极面对人际交往活动,怕见人、不愿与人主动交往,常常有意地避开老师、同学等熟悉的人。

④心理反应水平下降。出现抑郁症状之后,个体的注意力往往不能高度集中,容易分散,思维活动较之正常时反应不够敏捷,而且常常不自觉地回想那些已经发生的不如意、不顺利、不愉快的事情。正是由于这种不可控制性使得抑郁者看一切事物都好像笼罩着一层灰色的雾,周围一片暗淡的感觉。

⑤可伴有相应的躯体表现。伴随着抑郁而产生的躯体上的变化或不适很多,如头痛、头晕、耳鸣、口干、心悸、胸闷腹胀、多汗等症状表现。

第七章 青少年常见的心理问题及应对策略

但就某个抑郁者来说，一般只有其中的一种或几种症状，而且情况也不是很严重。

（2）抑郁的治疗。对这类学生主要通过支持性咨询谈话来解决，对患抑郁症的学生，仍应以心理治疗为主，通常采用较规范的认知疗法，必要时辅以抗抑郁药物，如丙米嗪、阿米替林、多虑平等。在面对抑郁状态的心理咨询时，应注意三方面：第一，让其诉说内心苦闷；第二，配合使用认知药物技术，启发他们发现挫折中的成功因素和自己的才能；第三，鼓励学生去做两件具体的事情。另外，要注意严重的自卑感是患抑郁症学生的共同特点，他们的自我挫败情绪和行为往往与对问题的错误评价有关。认知治疗就是要帮助他们改变错误的评价，以新的方式来应付心理和环境。

经过认知重构，学生会知道自己之所以有失败感，是因为自己认为只有名列前茅才有出路，同时认识到自己也有长处。鼓励他发挥自己的特长，在班会的发言中，受到同学的好评，自己也感到莫大的成功，因而增强了自信。在认识重构的基础上，鼓励患抑郁症的学生去练习与实践新的适应方式，会使他们惊奇地发现隐藏在自己身上的诸多潜能，发现自己实际上是能应付各种挑战的。

2. 双相情感障碍

双相情感障碍是心境障碍中的一类疾病。以患病率高、复发率高、致残率高为特点，包括躁狂和抑郁发作两种极端形式。其病因尚不明确，可在同一病人身上间歇交替反复发作，也可以一种状态为主反复发作，具有周期性和可缓解性，间歇期病人精神活动完全正常，一般不表现人格缺损。

双相情感障碍主要表现为持久的忧愁、焦虑、或心境空虚；对以前感兴趣的活动丧失兴趣；过度的哭泣；不安和焦躁；注意和作决定的能力下降；精力不足；想死或自杀的想法或尝试；有罪感、无助感和/或无望感增加；由于进食增多或减少致体重和/或食欲变化；睡眠变化；社交退缩；标准治疗仍不能缓解的躯体症状（如慢性疼痛、头痛）。

躁狂抑郁症如果得不到及时有效的治疗会给我们的健康带来更大的伤害，所以当抑郁症出现干扰我们的正常工作和生活时，我们一定要拿出勇气和信心同抑郁症斗争。

(三)行为问题

1. 网络成瘾

网络成瘾是指上网者由于长时间地和习惯性地沉浸在网络时空当中,对互联网产生强烈的依赖,以至于达到了痴迷的程度而难以自我解脱的行为状态和心理状态。

(1)网络成瘾的症状。网络成瘾主要表现出如下症状。

第一,网络成瘾耐受性,这是指随着网络使用经验的增加,必须通过更多的网络内容或更长久的上网时间才能得到与原来相当程度的满足。

第二,强迫性上网症状,有一种难以自拔的上网渴望与冲动。

第三,网络退瘾症状,指如果突然被迫离开电脑,容易出现挫败的情绪反应,如生气、情绪低落等,或是注意力难以集中、心神不宁等。一旦上网,上述症状立即消失,同时产生愉快感。

第四,每天上网的时间超长,一般都在7~8小时以上,不知道饿,不知道渴,有的甚至睡在网吧。上网时精力集中、愉快,从网上得到解脱与欢乐,忘记人世忧伤与烦恼。

(2)网络成瘾的类型。网络成瘾有五种类型(表7-1)。

表7-1 网络成瘾症的类型

类型	具体表现
游戏成瘾	这在许多大、中、小学生中是较为普遍存在的现象。因为网络游戏数量大,花样多。不仅有一些互动性很强的智力开发游戏,而且网络上也存在有不少的血腥暴力、反动愚昧和色情游戏
色情成瘾	上网者极其迷恋网上的色情音乐、色情图片、色情影视、色情笑话以及网络色情文学作品等。有专家指出每周花费11小时以上用来漫游色情网站的人,就有色情成瘾的嫌疑和倾向
网络交际成瘾	上网者利用各种聊天软件、网站的聊天室或专门交友网站进行人际虚拟交流,甚至发生网恋、网络黑交易、发表反动或愚昧言论、网络欺诈与愚弄等错误行为甚至诱发犯罪

第七章　青少年常见的心理问题及应对策略

续表

类型	具体表现
视听成瘾	这在青少年学生中仍然是很普遍的现象。就是在网络上耗费大量的时间光顾"音乐在线"网站和"在线影院"网站,沉溺于网络音乐和电影资料的阅览。
信息超载成瘾	包括强迫性地从网上收集无用的、无关紧要的或者不迫切需要的大量垃圾信息。这种行为没有预先的计划和目的,耗费时间,是纯粹的盲目行为或网络生活怪癖

综观国内外的研究结论,"网络成瘾症"患者往往同时具有以下一些人格特征或行为表现:喜欢独处,敏感警觉,倾向于抽象思维,缺乏社会交往,不服从社会规范,学习或工作表现较差,自信心严重不足,自卑心理倾向重等。

(3)网络成瘾形成的心理机制。

①青少年的成长过程正是其自我意识的发展过程。在青少年的成长过程中,他们特别渴望自我得到肯定。网络在这方面恰好具有得天独厚的优势。这种优势主要是通过电脑游戏实现的。在游戏中,玩家可以抛开现实生活中的种种规定,通过游戏设置为自己重新确定身份、相貌、性别、财产,也可以亲自设置生存环境,不需要任何背景关系和资产准备就可以挑战一切,在游戏中的每一次胜利都会得到具体的奖励。而这一切对于青少年来说,在现实社会是难以获得的。互联网无穷无尽的游戏资源使青少年的虚拟自我实现更加容易,而且还可以通过制作个人主页、建立网站等形式强化和扩大自我认同。如果获得成功,可以得到同伴的赞扬、崇拜,这极大地满足了个人需求;如果失败,也可以重新开始,而没有任何财产损失、舆论的指责和生命的危险。这比现实生活中面临受挫、失败的压力要轻松许多,因此网络成瘾的心理依赖便产生了。

②电脑网络这种新颖便捷的交流媒介容易使青少年对其产生交往依赖,互联网在沟通交流方面有其独特之处。

首先,它具有广泛性。人们可以从几千万甚至更多的人口中选择交往对象并同时与其中的许多人进行交往,找到知音的机会大大多于现实。

其次,它具有"安全性"。因为网络交往对象往往不属于自己的现实生活圈子,不必担心因泄漏自己的隐私或秘密而危及自身利益。

最后,它具有间接性。人们不用直接面对对方,这就大大激发了彼此间的神秘感,随之而来的是美好的想象和交往的渴望,人们不用即时回应对方,这就给予了充分的思考时间和空间,很容易与对方保持良好的关系。

网络交往的这些特性使得人们相对容易获得为人处世的成就感和满足感,感受到自身的存在价值,并且网上的异性交往特别容易发展成为网恋。正是网络交往的这些特别优势使青少年容易对电脑网络产生心理依赖。

(4)网络成瘾对青少年心理的危害。网络成瘾症对青少年心理的正常发展会产生很大的负面影响,这主要表现在以下几方面。

①人性异化。沉溺于网络中的群体,关注并满足于网络世界的虚幻环境,就会渐渐失去对现实环境的感受能力和参与意识,形成孤僻、冷漠、缄默、紧张、不合群、缺乏责任感和欺诈等心理现象,进而导致数字化的"虚拟人格"。

②自我迷失。在网民的自我系统中,有三个"自我":即真实自我、实现自我和"虚拟自我"。这三者有时相互冲突,网上网下判若两人,结果有可能导致出现多重人格问题。

③交往方式错位。网民的行为往往在虚拟情景或虚拟情形下进行,这是一种技术性的"人—机式交往",不是一种人性化的真实的人与人交往。这种情况如果长期下去,就会影响或改变网民的正常交往方式,导致真实的人际交往萎缩,产生畸形的人际交往行为。

④社会功能退化。网络成瘾者往往一有时间就去上网,参加社会活动越来越少,导致人与人真实的互动时间大大缩短,对社会缺乏了解与认同,导致社会经验缺乏、适应能力减退。

⑤技术崇拜。网络成瘾实质上也是一种网络资源迷信,即"信息人"的上网成瘾或技术成瘾,是一种包含人机交互作用的非生化成瘾症,与吸烟、吸毒等依赖物质的成瘾症现象有着迥然的区别。

2. 手机成瘾

成瘾从有无物质的介入来划分,可以分为物质成瘾和行为成瘾。手机上瘾和上网成瘾从本质来看,都是一种行为成瘾。手机上瘾症是指长

第七章　青少年常见的心理问题及应对策略

时间依赖于玩手机,和上网成瘾本质一样,手机上瘾更具有广泛性和隐蔽性,对人的生理、心理危害更大。

坐车玩手机,上课玩手机,吃饭玩手机,睡觉也玩手机,许多青少年时时处处都在玩手机。用手机上网和用电脑上网所产生的行为基本相同,例如看小说、浏览资讯、玩游戏、看视频等。

一旦成瘾,对于青少年来说,会导致意志力减弱,对生活失去兴趣,整个人变得懒散、消沉。严重的会产生暴力行为,如毁坏物品、对家庭成员施暴等,个别极端者会导致抑郁症。并且,玩手机成瘾会导致青少年的人格障碍,对人冷漠,缺乏爱心,还可能使他们的社交行为产生问题,不善于与人沟通,甚至遇到事情会更愿意用简单粗暴的方式解决。

(四)人际交往问题

由于青少年社会经验少、人际交往技能较为缺乏,常因人际交往问题而引发诸多心理困扰。人际交往障碍的典型表现是在人面前面红耳赤、目光紧张、心跳加快、讲话吞吞吐吐、难以自我控制等,他们对自己的言行举止特别敏感,生怕自己在别人面前出丑、失态,往往因此而更加紧张和恐惧,形成恶性循环,严重时,会造成极大的精神痛苦。

青少年的人际交往问题,体现在与父母、老师、同伴的交往三个层面上。

1. 人际交往障碍的三个方面

(1)亲子关系方面。亲子关系就是指父母与其亲生子女、养子女或继子女的关系。父母是孩子的第一任老师,父母的教养方式、家庭氛围、父母对孩子的期望值等都影响着亲子关系的好坏。一般来讲,在和谐、融洽、平等、民主的家庭中长大的孩子更倾向于形成良好的人际关系与人格。反之,在粗暴、专横、争吵的氛围中长大的孩子很容易出现人际交往问题。亲子关系问题可以从父母和孩子两个角度来理解。从父母的角度来说,具体表现为父母对孩子的过度控制、过高期望、完全失控、过分溺爱等问题;从孩子角度讲,具体表现为孩子与父母的敌对、疏远、亲子交往困难、代沟或过分依赖等问题。

(2)师生关系问题。师生关系是指教师和学生在教育活动中通过交往互动而形成的人际关系。教师期望、教师对学生的态度、教师的教学方式等都会影响师生关系的质量。一般来讲,在小学阶段,学生对老师是无条件服从崇拜与敬畏的,随着年级升高,学生开始对教师有了自己的认识和评价,到初中阶段后期,师生关系逐渐紧张起来。这主要表现为,学生对教师的失望、冷淡、对抗、躲避、刁难,教师对学生的误解、不理解、不尊重等问题。

(3)同伴关系问题。同伴关系是指同龄人之间或心理发展水平相当的个体间在交往中建立和发展起来的人际关系。同伴关系对儿童和青少年的社会化发展非常重要。最初,小学生同伴关系的建立主要是基于外部条件或共同活动一致,比如座位接近、上学同路等。随着年龄的增长,他们逐渐建立起新的交往标准,例如选择拥有共同的兴趣、动机和习惯的同伴做朋友等,并注重同伴接纳,重视自己在群体中的地位。到中学阶段,青少年交往范围逐渐缩小,希望只选择一两位同伴作为最好的朋友,并且开始对异性产生了兴趣。同伴间的矛盾冲突,表现为很多方面,诸如自我中心、缺乏友谊、孤独、退缩、嫉妒、猜疑等。

2. 人际交往障碍的治疗

这种心理障碍是一种因心理紧张而造成的心因性疾病,只要积极治疗,是可以治愈的。治疗此症可借鉴以下几种方法:

(1)正确认识交往的概念,人与人之间是平等的,谁也不比谁差,不必过分地关注自我,也不必过分地考虑别人评价的思维方式,交往的意义在于彼此都能得到沟通,得到提高,掌握相关的交往技巧和艺术,以及相关的社会学、心理学和传授学知识是十分必要的,以便在交往的过程中,逐渐去掉羞怯感,培养豁达的人生观。

(2)系统脱敏:具体做法是,先用轻微的、较弱的刺激,然后逐渐增强刺激的强度,使行为失常的患者没有焦虑不安反应,逐渐适应,最后达到矫正的目的。如引导他们先与家人接触,再与亲朋好友接触,然后再与一般熟人接触,最后与陌生人接触,一旦有所成效便应强化巩固。

(五)恋爱与性的问题

1. 恋爱问题

(1)择偶心理不当。每个人都希望找一个称心如意的爱人,一生幸福,这是正常的。相当部分的青少年在择偶时能首先重视对方的内在条

第七章　青少年常见的心理问题及应对策略

件,如性格、品质、兴趣等,强调性格上合得来、体贴人、温和、热情,注意对方的道德品质,把理想、志向、诚实、善良、正直、能力、才华、聪明等放在重要位置。但是,有不少青少年存在择偶心理不当的问题,导致其在恋爱过程中遭遇挫折。

就青少年而言,其择偶心理不当主要表现在两个方面:一是择偶标准不实际;二是择偶动机不端正。具体而言,青少年的择偶心理不当主要是通过以下几个方面表现出来的。

第一,有些青少年根据心中的偶像不切实际地确定理想化的择偶标准,有的人要求对方完美无缺,有的人固于某一偶像标准不放弃,如相貌不漂亮、身材不苗条的不谈,个子低于自己所定标准的不谈等。结果眼光过高,在现实中找不到自己所需要的偶像,故而失望、懊丧。

第二,有些青少年择偶不注重根本性的因素和品质、素养等,片面追求外在条件。比如,有的女青少年比较看重男性的家庭财产、收入等,择偶中功利化倾向比较严重。

第三,有些青少年在择偶动机方面不端正,其恋爱不是出于爱情本身,而是因为生活单调寂寞,或精神空虚苦闷,或虚荣心作祟,有随大流的从众心理,甚至有玩弄异性等不良动机。这些人在择偶时很少把恋爱的行为与婚姻结合起来考虑,缺乏责任感。

(2)恋爱行为不当。在青少年的恋爱心理问题中,恋爱行为不当也是一个十分重要的表现。具体来说,青少年中常见的不当恋爱行为主要有以下几个。

①虚拟世界中的恋爱行为。随着网络的迅速发展和普及,网恋这种特殊的虚拟的恋爱方式,正在成为当代青少年的"缘分天空"。爱情原本是活生生的、现实的,而不应是存活于虚拟世界中的。但是自从有了互联网之后,虚拟的爱情也成了恋爱的一种存在形式。

青少年正处在需要别人接纳、关爱、欣赏和理解的时期,当他们在现实生活中得不到这种需求或是在这方面遭受挫折和创伤时,就会将这种需求转移,寻找其他途径补偿,网络的适时出现恰好迎合了青少年的这种需求。

青少年对网恋部分持中立态度,对于网恋成功持乐观态度的青少年要更多一些。乐观者认为,网恋更注重思想的交流、心灵的沟通,建立在此基础上的爱情应该更加牢固,成功的机会也比较大。而悲观者则认为,网上聊天是网恋初期相对单一的了解方式,这种方式使双方缺乏实际的、真正的接触和了解,因此,很容易"见光死"。其实,更多的青少年对网上恋爱不看重结果,注重的是在网上交往的过程。还有一小部分青少年表示他们根本不愿意见面,因为怕见面后失望,这是一种典型的自欺欺人的恋爱方式。真正的恋爱,不可能只存在于虚拟的世界中,应该带到现实生活中,网上交流促成了他们从朋友到恋人的关系转变,后面要做的就是将虚拟世界中的关系移到现实生活中,确实有一些青少年做到了这一点,但是成功转变的不太多,原因是虚拟的世界让人遐想的空间太大。大部分时候在没有法律保障下的"网恋",犹如雾中之花,水中之月。

②过度亲昵。有些青少年谈恋爱后,会不分场合地表现出亲昵行为。随着感情的不断深入以及生理和心理的需求,恋人之间有一定的亲热行为也是无可厚非的事情。但是,许多青少年却没有把握好亲昵行为应有的尺度,有的由于感情冲动而急于与恋爱对方发生亲昵行为,引起对方的反感而影响双方感情的顺利发展,在亲密表现、肢体接触方面,一般是男生表现得更加主动。有的青少年情侣不分场合,在教室、餐厅、图书馆、马路边等大庭广众之下就进行拥抱、爱抚、热吻,甚至相互调情。有些甚至在上课时间、自修课期间,当着老师和同学的面表现出很亲昵的行为,特别在大学课堂中表现得更为明显,一节课下来,他们在下面的小动作不断。那些手拉手进校门、课间一起上厕所或者在走廊上亲密接触,中午吃饭时互相喂饭菜等过于亲密的行为常给人一种装腔作势、矫揉造作的感觉,甚至还有一些粗俗的亲昵动作,更是有损于爱情的纯洁与尊严,有损于青少年的形象,同时对旁人也是一种不良的心理刺激,把自己和他人推向一个尴尬的境地,招来老师和同学的不满。

总的来说,恋爱中过分亲昵的行为是一种不文明的行为,不仅有损于爱情的纯洁和尊严,有害于恋爱者的精神卫生,而且对旁人也是一种不良的心理刺激。

③婚前性行为。所谓婚前性行为,是指男女双方于恋爱期间在尚未领取结婚证的情况下所发生的性行为。一般来说,婚前性行为是在双方自愿的情况下进行的,不存在暴力胁迫的现象。但是,由于婚前性行为不受任何法律的保护,双方不承担夫妻之间应有的责任和义务,因此,这种行为很容易产生消极的社会后果,给恋爱双方带来不良影响。

婚前性行为作为一个不争的事实存在于青少年的恋爱关系之中。热恋中的青少年,往往因性爱的激情而产生一种难以抑制的性冲动,使

第七章 青少年常见的心理问题及应对策略

情感突破理智的防线,容易发生性交行为。不过,大学阶段的恋爱是处于不断的发展之中的,还很不稳定,再加上青少年性知识的缺乏和环境的不允许,在这样的情况下发生性行为,往往会给青少年的生理上造成伤害,心理上造成沉重的负担。而且,第一次性行为还可能会因为紧张、焦虑、担心怀孕、处女膜破裂带来痛苦等给心理上带来极大的负面影响。此外,青少年恋人由于诸多因素的影响,大多数人无法最终走到一起。因此,婚前性行为,有可能会影响他们以后的婚姻生活。

此外,婚前性行为不仅与我国社会主义精神文明原则相违背,而且由于与社会道德相悖,受到社会舆论谴责。有的女青少年堕胎后为了不让别人发觉,照常上课和学习,从而影响了身心健康,甚至造成了婚后不孕的严重后果。从我国的法律和社会道德习俗来说,性关系是应该从结婚以后开始的。婚前性行为不但无助于爱情的巩固,反而容易造成爱情的破裂。有鉴于此,男女青少年双方在恋爱过程中,应该十分注意用理智来控制自己的感情,做到克己自律,认真严肃,负责任地对待对方。对女生来说,应十分珍惜自己的贞操,做到自尊、自重,任何轻易"以身相许"的做法,其结果必然会使爱情遭到挫折,甚至会发生不可挽回的悲剧。作为男生来说,应认识到珍惜女生贞操是对女朋友负责的道德行为,在恋爱过程中应信守社会主义的爱情道德,恰当表达自己的感情。

总之,婚前性行为是一种不负责任的表现,是对自己和对方都不负责任。男女性生活应该是一件很神圣的事情,应该是灵魂深处的体验,是高级的精神活动,切不可随意为之,否则就是自甘堕落,不负责任。

④恋爱对象频繁更换。青少年在与异性相处时,经常会出现喜新厌旧、见异思迁的行为,有些青少年可能会出现频繁更换恋爱对象的恋爱行为。

青少年由于自身不成熟,因而虽然到了可以恋爱的年龄,但是心理年龄却偏低,他们不懂得爱情是需要理解、信任、原谅与宽容的,在对待感情问题时比较幼稚,甚至过于任性和冲动,在相处过程中,矛盾重重,不断地更换恋爱对象,他们不从自身找原因,分手后又寻觅新的对象,如此循环。

此外,还有一些青少年自身条件优越,他们的家庭条件好,自我优越感强,在学校里面又因为外貌出众或是自身能力出众,往往会受到众多异性的追求,因此在恋爱过程中不懂得珍惜,随意地恋爱,随意地分手。还有一类青少年因为曾受到情感伤害后而不断地糟蹋爱情,到最后弄得精神萎靡不振,也荒废了学业。

(3)不能正确对待恋爱挫折。青少年在恋爱过程中遇到挫折是十分正常的。对于恋爱挫折,青少年如果不能正确地对待,则可能导致自己的精神受到刺激,进而诱发一些心理疾病,对心理健康产生严重危害。一般来说,青少年会遇到的恋爱挫折主要有以下几个。

①单相思。单相思,即单恋,是指"异性关系中的一方倾心于另一方,却得不到对方回报的单方面的'爱情'"[1]。单相思多是一场情感误会,是青少年"爱情错觉"的产物。它的"错"在于一方误认为另一方对自己"有意",或者其中一方误把双方的正常交往和友谊当作爱情。单相思常常使当事人想入非非,自作多情。它的"单"还分为两种情况,第一种情况是纯粹的"单向",是毫无理由地执着地爱对方,追求对方,而对方毫无表示,甚至对方还不认识自己。第二种情况是假"双向"真"单向",自认为有"理由"地认为对方对自己有情。

青少年心理尚未成熟,单相思的现象比较常见,而且多出现于那些性格内向、敏感、富于幻想、自卑感较强的学生身上。他们首先爱上了对方,于是也希望对方爱自己,在这种具有弥散作用的心理支配下,通常把对方的亲切和蔼、热情大方当作爱的表示,并且坚信不疑,由此也就陷入了单恋的深渊,不可自拔,并会产生空虚感,有时候还处于绝望的状态。如果青少年处理不好单相思问题,多会对以后的恋爱、婚姻生活产生消极影响。爱幻想是造成单相思的主观因素。单相思的青少年还往往以为爱就是自己心甘情愿地付出,不需要承诺,也不需要回报,只有不顾一切的精神恋爱才是高尚的伟大的恋爱。有的单相思者无法正确处理被拒绝的事实,为了自己的自尊心、虚荣心,强迫自己追到底。

②失恋。失恋,就是恋爱过程的中断,即恋爱的挫折。青少年中"有情人"甚多,但能走到"终成眷属"这一步的却很少。失恋可以造成短时期内难以愈合的心灵创伤,并给当事人带来难以承受的精神折磨。青少年对挫折的心理承受能力较弱,经常会出现一些不正常的现象。一个痴情的青少年被恋爱对象抛弃后,有的可能会一蹶不振,从此对爱情失去了信心,放弃对爱情的追求;有的从此不再相信爱情,认为世间没有真正的爱情;有的沉沦自弃,认为一切都失去了意义,以致悲观厌世,产生轻生的念头;有的转爱为恨,将对方视为仇人,做出过激的

---

[1] 李中国等.青少年心理健康教育与心理调适[M].北京:北京师范大学出版社,2016.

第七章　青少年常见的心理问题及应对策略

行为伤害对方。

2. 青少年常见的性心理问题

随着年龄的增长,青少年在性问题上也会存在一些问题,概括来说,青少年常见的性心理问题主要包括以下几方面。

(1)性意识的心理困扰。青少年常见的性意识活动有性冲动、性幻想和性梦。所谓性冲动,是指在遇到有吸引力的异性时产生与性有关的意念并体验到性兴奋;性幻想,是人在某种因素诱导下,产生一系列性活动场景的联想;性梦,是指人在梦中与他人发生性关系的现象,可能伴有男性遗精、女性性兴奋。对于上述意识活动,有的青少年能够泰然处之,没有造成不良影响,但有相当一部分青少年由于性无知、存在性罪恶观念等,将上述意识活动视为心理异常,由此产生焦虑、担忧、抑郁等不良情绪,常常陷于痛苦之中。

(2)性无知。正处于青春期的青少年会因为性发育的逐渐成熟而在生理与心理上产生重大变化。对于这些变化,有的青少年因具有较好的性知识而能逐渐对其适应,但也有一些青少年因基本性知识的缺乏而无法对其进行适应,从而产生了心理困扰。

(3)性压抑与性焦虑。有调查表明当前青少年的性关切与性焦虑的程度越来越高。由于青少年处于性生理旺盛时期,男女同学朝夕相处,时常为异性所吸引;课余也会接触有性色彩的刺激,如书刊、网络、影视等有关性爱的描述,都有可能激发强烈的性欲望和性冲动并渴望宣泄。但由于客观条件和环境的约束,多数青少年得不到正常的疏泄,因而导致性压抑与性焦虑等问题。此外,由于不正确的性观念和性知识,对遗精、自慰等性生理和性心理现象缺乏正确的认知,也会引起性压抑和性焦虑。

(4)性嫉妒。对现实中的或想象中的比自己优越的性爱竞争对象所具有的怨恨情感,便是性嫉妒。青少年在恋爱之中,普遍会产生性嫉妒的情感体验,从而使恋爱过程变得曲折,或是导致恋爱关系破裂,更有甚者会出现暴力、自虐、自残等行为。因此,对于青少年在恋爱中存在的性嫉妒,必须要引起高度的重视。

(5)性自慰的困扰。性自慰又称"手淫",是指"用手或其他物品摩擦、玩弄生殖器以引起性快感,获得性满足的行为"[1]。有关调查显示,在青少年中,手淫占有较大的比例,而且男生多于女生。手淫是青少年发育成熟过程中常常伴随的一种自慰行为,一般情况下是无害的。但是,有相当一部分青少年从行为上不能控制手淫,而从理智上又不能接受这种行为,引起对自己的消极评价,出现无法摆脱的自我反省和自我责备;还会引起无休止的联想和一系列强迫性观念,给青少年带来心理上的疲惫和沉重的压力,产生悔恨、紧张、害怕、多疑、犯罪等心理。

(6)性体相的困扰。青少年正处于青春期,因而性体相会发生很大的变化。几乎所有的男青少年都希望自己拥有高大的身材、健壮的体魄、浑厚的声音等,以对女青少年产生吸引力;同样,几乎所有的女青少年都希望自己拥有美丽的容貌、苗条的身材、丰满的乳房、柔美的声音等,以对男青少年产生吸引力。不过,世界上拥有完美性体相的人是少之又少的,因而这些只能成为青少年心目中的理想状况,几乎不可能成为现实,从而使青少年因没有理想的性体相而烦恼不已。

第三节 青少年心理问题的应对策略

在日常生活中,人们面对着诸多困难和压力,都倾向于将主体与客观现实之间所发生的矛盾和问题,用自己较能接受的方式加以解释和处理,以减少痛苦和不安,从而恢复情绪上的平衡,这种反应形式便是心理防卫机制。面对着考试、就业等诸多压力的学生也要建立和健全这种心理防卫机制,为将来走向社会做好必要的心理准备。心理防卫的手段有很多,下面简单介绍几种。

中共中央《关于进一步加强和改进学校德育工作的若干意见》明确指出:"在科学技术迅速发展,社会主义市场经济体制逐步建立的情况下,如何指导学生在观念、知识、能力、心理素质方面尽快适应新的要求,是学校德育工作需要解决的新课题。"青少年如何形成和维护健康心理,提高心理素质,不仅关系到青少年如何学习、生活、工作,如何成才,更关系到我们民族整体素质的提高,关系到国家发展和社会的进步。因此,

---

[1] 宋宝萍.青少年心理健康教育[M].西安:西安电子科技大学出版社,2007.

第七章 青少年常见的心理问题及应对策略

高校应该针对青少年的心理发展特点,把握身心发展规律,对青少年的心理健康进行系统科学的指导和帮助,优化青少年的心理素质,使他们成长为社会需要的合格人才。

为此,在增进青少年心理健康方面应做好以下几方面的工作。

一、加强青少年自我心理保健

为了保持良好的心理状态,学会有效地解决可能遇到的各种心理问题,除了学校加强心理健康教育外,青少年自己也必须注意心理保健问题。

(一)自觉学习心理健康知识

由于种种原因,心理学知识在我国一直缺乏必要的研究和普及,学生从小学、中学到大学缺乏系统的心理健康教育,以致青少年在心理健康方面存在许多认识上的偏差。比如:有不少青少年只注意身体健康,而忽视心理健康,或对心理健康标准片面理解,认为心理健康就是没"病",只有患精神病的人才是有心理问题等,这对青少年的发展极其不利。

要消除这些认识上的偏差,青少年必须自觉地、主动地学习心理健康知识,了解自己心理活动的规律和特点,认识心理健康的意义和标准,掌握心理调节的方法等。学习心理健康教育知识可以通过自学,如阅读有关心理学书籍,也可以选修学校开设的应用心理学类课程,或者听相关专题讲座,参加学校心理学教育机构开展的各类培训活动。

但要注意两点:一是要明确读书的目的。读心理学的书,了解心理健康知识,只有目的明确,才会使阅读有成效。如果有人说因为内心不安,所以要读心理学的书,这种目的是很模糊的。明确的读书目的应该是:我是为战胜内心的不安,为了更好地改变自己,发展自己。只有这样,才能从书中得到好处。二是要避免盲目对号入座。虽说借助心理学的书籍来认识自己,包括认识自身可能存在的问题,是一条非常重要的途径。但在现实中,有的人读书,经常会不自觉地"对号入座",或觉得自己像得了焦虑症,或觉得自己可能有同性恋倾向等,并常常为此恐慌不安,以致严重影响到他们的学习和生活。这样读心理学的书,不但没有获得有益于健康的知识,反而会增加心理上的负担。另外,即便自己真的有一定的心理问题,也并不是什么可怕的事情,而是可以通过多种方式来调整的。越是担心、害怕自己可能有什么心理问题,越容易在书中"对号入座",使自己陷入困境而不能自我解脱。[①]

(二)进行积极的自我调整

掌握一定的心理健康知识,对青少年朝着积极、健康的道路发展是十分重要的。同时将理论运用于实践,运用恰当的方法进行积极的自我调整,维护和保持心理健康更为关键。作为青少年,应注意以下几个方面。

1. 认识自己,接纳自己

青少年已经开始走向成熟,自我意识已基本建立,对他们来说,最重要的教育是自我教育。心理学家发现,许多人并没有很好地了解自己,他们对自己的估计或过高,过于自信,表现为"自我感觉良好";或对自己评估过低,过于自卑。这两方面都会对人的心理造成不良的影响。因此,青少年要学会从多方面、多途径了解自己。另外,在认识自己以后,还必须接纳自己。因为人无完人,每个人身上难免存在一些不足与不完善的地方。如果因为这而不认同自己,也会对自己的心理造成伤害。

2. 树立恰当的发展目标

有了目标,就有了发展的方向和前进的动力。一个心理健康的人,应该能对自己的能力作出客观的评价,并依此确立符合自身实际的发展目标,这对一个人的发展来说是非常重要的。因此,青少年不要对自己过分苛求,把发展目标确定在自己能力所及的范围以内,使自己通过艰苦努力,能最终实现目标。与此相反,如果不自量力,仅凭良好的愿望和热情,盲目地制订宏伟目标,结果往往是目标落空,在个人心理上受打击,产生挫折体验,不仅白白耗费了精力,也给自信心和心境造成不良影响,而且还会影响到今后的进一步发展。

---

① 郑航月,夏小林. 青少年心理健康教育[M]. 重庆:重庆大学出版社,2018.

3. 积极的人际交往

与人交往,是身心健康的需要。青少年应积极主动地进行人际交往,通过与人交往,可以同他人交流思想、感情,相互启发,相互联系,相互帮助,增进相互之间的理解,得到更多的社会支持,建立充分的安全感、信任感。一般来说,人际交往的时间和空间范围越大,精神生活往往就越丰富、愉快。而孤独、不合群的人,常常有比较多的烦恼和难以排解的苦闷。①

在人际交往中,有两点要注意:一要注意对他人的期望不要过高。如果在交往中对他人存在过高期望,一味要求别人如何,会使自己倍感失望,甚至抱怨别人,使自己的心理平衡受到干扰;二是不要盲目与人竞争。青少年大多心高气盛,精力充沛,才智聪明,在这样的群体中,免不了争强好胜。但处处与他人竞争,难免遭到失败,自我产生挫折感,心理上承受过大压力。因此,与人交往,心情应是平和的。

4. 学会调整自己的情绪

青少年处于青春期,许多学生情绪常处于不稳定状态,容易受外界的影响,爱感情用事,情绪常大起大落。要维护心理健康,学会对情绪的调控,首先要学会恰当的宣泄方式,如向同学、老师、朋友等倾吐自己的烦恼,这样可以减少内心压力。其次要积极培养自己的各种兴趣、爱好,参加有益的娱乐活动,消除由于长期学习造成的紧张与疲劳。最后要学会宽容,宽容自己和他人。不肯宽容别人的人既容易遭他人怨恨,也往往使自己的身心受到伤害;不肯宽容自己的人则容易使自己整天处于自责、悔恨中,难以自拔。学会宽容是保持良好情绪状态的较好方式。②

(三)寻求心理咨询帮助

除了进行有效的心理健康知识的学习和自我调整、自我实践之外,保持和维护心理健康还有一项非常重要的措施,即求助心理咨询。

提起心理咨询,青少年中对其理解可能存在一定的差异性。有的人认为它不过是近似朋友之间的聊天;有的可能觉得它是思想政治工作的

---

① 夏小林,李晓军,李光. 青少年心理健康[M]. 杭州:浙江大学出版社,2011.
② 郑航月,夏小林. 青少年心理健康教育[M]. 重庆:重庆大学出版社,2018.

又一种变形;有的可能认为有"病"的人才会去咨询等。其实心理咨询对青少年健康成长的作用是巨大的,随着心理咨询在高校逐步开展,它已成为青少年的学习生活中不可少的支柱。

青少年在求助心理咨询过程中,要想能有所成效,必须注意以下问题:

首先,要有强烈的求询愿望。只有自己感觉有心理不适并愿意主动向咨询人员诉说和寻求帮助的人,才容易从心理咨询中获益。迫于别人的催促而被迫来咨询的人,咨询中不愿意深入谈论自己心理问题的人,被认为有心理问题约请来的人,由于处于一种被动状态,必然影响咨询效果。所以,若去心理咨询,首先自己要有强烈的求询愿望。

其次,要有接受挑战的充分心理准备。去心理咨询,很大意义上表明来询者放弃"我很好"的这个自我形象,可能要承认在某些方面"我不行""我缺了点什么""我怎么变得更好"等。放弃原来的自我,对自我的否定,对许多青少年来讲是很痛苦的。这也无疑是一种新的挑战,因此,要去心理咨询,必须要有心理准备。有些人难以下决心去咨询或把咨询坚持下去,这也是一个很重要的原因。

再者,要明确来询者在咨询过程中不是被动的。咨询时,来询者完全可以自由和毫无顾虑地谈论自己的问题,咨询者只是提出自己的建议,最后如何行动,要尊重来询者的意愿,要经过双方的相互探讨达成一致。因此,来询者不是处于完全被动和受操纵的地位。如果抱着咨询者怎么说,我就怎么做的想法,觉得咨询无须自己思考,只想从咨询者那里得到现成的答案,得到灵丹妙药,那就难以使来询者真正成长。[1]

最后,不要企求一次解决问题。心理咨询是一个过程,来询者的问题大多不是一两天形成的,往往经过很长时间的积累,甚至可追溯到幼年时期,特别是有些问题比较复杂、严重,不是几次咨询就能解决的。咨询者要通过各种咨询方法,帮助来询者分析自己的成长经历,寻找产生问题的原因,逐步引导来询者建立正确的认识观念、行为方式,解决自身的问题。

---

[1] 王浩吾,王书会. 青少年社会学[M]. 北京:中国铁道出版社,1999.

第七章　青少年常见的心理问题及应对策略

二、建立四级心理保健与预防网络

为完善心理健康教育机制,更好地开展青少年心理健康教育工作,使心理健康教育更加贴近实际,贴近生活,贴近学生,根据国家有关文件的规定和青少年心理健康工作的需要,构建学校、系、班级、学生寝室四级心理保健与危机干预的网络系统。学校设立心理健康教育的专门机构,配备专职专业人员,及时对学生中的一些心理问题进行处理,并通过普查等方式,全面了解学生的心理健康状况,建立学生心理档案,有针对性地进行重点教育和预防;各系配备心理健康教育工作专(兼)职人员,注意区分思想问题与心理问题,及时发现学生心理异常现象,便于解决一些一般性的心理问题;班级设班主任和心理委员,通过心理教育方面的培养,使他们能够敏锐地洞察青少年的心理,并能合理地予以引导;寝室长必须接受心理培训,定期向班主任汇报宿舍成员的心理状况,组织本宿舍成员参加心理健康教育活动,发现问题及时汇报,给需要帮助的同学提供心理支持或推荐其去心理咨询中心。四级心理保健与危机干预网络系统的建立,完善了高校学生心理问题"筛查、干预、跟踪、控制一体化"的工作机制,有利于全面掌握青少年的心理健康状况,健全青少年心理健康教育工作的相关制度,将青少年心理健康教育工作真正落到实处。[①]

三、形成学校、社会学生共同关心心理健康的良好氛围

目前,高校普遍认识到了心理素质在人才培养中的重要作用,建立了相应的机构,加大了心理健康教育的力度,部分高校将心理健康教育纳入课堂教学中,使心理健康教育逐步走上科学化、规范化的轨道。青少年也逐步认识到心理健康的重要性,开始注重自身心理素质的培养与

[①] 郑航月,夏小林.青少年心理健康教育[M].重庆:重庆大学出版社,2018.

提高，以主动的姿态调整自身的状态，以适应社会的需要。家庭教育中也在逐步重视学生的心理健康教育。同时还可以充分利用社会资源，实现学校和社区资源共享。力争在大学校园中营造宽松的心理气氛，建立良好的班风、学风、校风，逐步形成积极向上的校园文化，人人重视自身心理健康的良好氛围。①

---

① 陈红英,景国栋,潘丽红,等.新编青少年心理健康教程[M].武汉:武汉大学出版社,2010.

第八章 青少年心理健康课程设计与案例分析

学校开设心理健康教育课程很有必要。青少年心理健康教育课程是培养青少年良好心理素质最重要、最直接的形式，也是青少年心理健康教育工作的一个重要途径，具有系统性、连续性和目的明确性等特点。

第一节 青少年心理健康课程活动设计的要求

为了更好地开展青少年心理健康课程活动，在其开展的过程中必须要满足以下要求。

一、重视学生的感受

青少年心理健康课程活动可以说是青少年的认知结构、情感体验、行为方式等方面在心理健康教育活动组织者的干预下进行调整、重组、统合的过程。从本质上来说，之所以开展青少年心理健康教育课外活动，其根本目的是要促使广大青少年在团体的帮助下，尽可能深入地审视自己的内心，反思自我的成长，思考自我与外界的关系，以推动其自身更好地成长。

二、重视学生真实想法的表达

对于社会中的人来说，说真话难免会给他人带来不适感，因而人们往往可能会隐藏自己真实的想法。但是，对于成长中的青少年来说，鼓励他们真实想法的表达,可强化学生自我向善的意向与努力。

如上所述,青少年心理健康课程活动的组织者的基本任务是营造良好的气氛,一种对活动参与者接纳与信任的气氛。这样可以使学生们不必过度隐藏自己,能自由自在地表达自己,促使活动参与者的改变和成长。由此可见,在青少年心理健康课程活动过程中,组织者要尽量鼓励学生表达其真实想法。

三、重视对学生的指导

在青少年心理健康课程活动中,时刻需要心理老师的精心指导以便达到预期活动目标。具体来说,心理教师的指导作用体现在以下几个方面。

第一,设计活动的目标,拟定活动的主题,选择恰当的活动形式和方法,设计活动方案,控制活动的进程,评价活动的结果。

第二,注意观察学生的行为表现,发现问题,实施个别辅导。

第三,在活动过程中要积极营造团体活动的氛围、控制活动时间、把握主题方向,要以欣赏的态度去听学生的讨论,看学生的表演,并给以鼓励和引导。

除此之外,我们也应该考虑到,青少年心理健康课程活动终究是一种"非指导性的"活动,因而教师不能对学生作强制的说理,即使是暗示、忠告、说服等手段也只能在必须进行指导的时候使用,尽可能地用较为隐晦的方式表达,以便培养学生自我思考的习惯。

四、重视学生的自我升华

在青少年的成长过程中,领悟是其克服心理不适应、促进自身发展的关键。从某种角度来说,即使学生的自我升华还比较幼稚,教师也不可越俎代庖。心理健康教育活动的结束部分,应该是学生借助自己的内省、同学的反馈和心理教师的建议等整理和重建自己认知体系的重要环节,因而应该让学生通过主动参与来完成。

五、重视活动中的应变

青少年心理健康课程活动的参与者以青少年为主,这个年龄段的人群具有活跃的思维和较强的创造力。在这种情况下,活动现场的社会心态必然是千变万化的,活动的实施过程充满了变数,其发展和推进往往是高度动态的。因此,组织教师必须灵活把握活动的发展势头,切记不可呆板地、一成不变地按照原定计划行事。

在青少年心理健康课程活动中,随着师生双边多向和多种形式的交互作用下,学生的潜力随时随地都有可能被激发出来,整个活动过程充满智慧的挑战、充满童稚与青春的生命活力,每个学生都会真切地感受到自己生命的意义和价值。由此可见,活动中的组织教师必须做到随机应变,因势利导,切不可死守原定的活动设计方案。

六、重视活动氛围

青少年心理健康课程活动是建立在活动参与者之间相互信任、相互了解、相互接纳的良好氛围中的一种互动的人际交往过程。客观来说,活动的有效性主要依赖于通过组织者的行为所建立起来的团体社会氛围,这样的氛围可以引发学生积极的回应,进而促进学生认知和行为方面的变化。

综上所述,我们可以看出,在心理健康教育过程中,营造坦诚、信任的团体氛围,消除学生对自由沟通和交流的防卫心理,是组织者最重要的责任、任务,也是高超组织能力的体现和心理健康教育课外活动最基本的环节。

七、重视预期目标的达成

在青少年心理健康课程活动中,必须要把握好教育理念和教育目标这一核心内容。课程活动不能片面追求"轻松""愉快"和"活泼",更应该注重引导青少年去直面生活,有鲜明的针对性,要有深度、内涵和哲理。

各种团体心理活动可以为课程活动增添不少生机和便利,但是,这些活动必须服从于教育目标的需要,不要只是为了变换一下形式而已。如果不考虑场地、环境、主题的针对性等客观因素,不加分析地引入课外教育活动,则是极为不妥的。①

第二节 青少年心理健康课程活动内容的设计

一、确立课程教学目标

确立青少年心理健康教育课程的目标,实际上就是要把培养个体的心理素质或心理特征具体地定下来。青少年的心理特征有很多,不可能培养所有的心理特征,必须是有针对性地、有选择地加以培养。确立青少年心理健康教育课程的目标应以青少年教育的总目标和青少年心理发展水平为依据,以维护和促进青少年心理健康。培养、提供青少年良好的心理品质和心理素质,使青少年学会适应、学会自理、学会关心、学会合作、学会交往、学会求知、学会创造,这应该成为青少年心理健康教育课程的总体目标。

在进行青少年心理健康教育课程的教学前,应该对青少年进行心理测试,测量他们的智力、气质、态度、性格等,并在此基础上给每一位青少年建立心理档案。例如,通过测试,发现青少年的理解能力、创造力、挫折容忍力、责任感比较薄弱,学习兴趣与合作精神也相对缺乏。据此,在遵循心理健康教育课程总目标的前提下,可以为青少年心理健康教育课程确立具体目标,如图8-1所示。

---

① 刘栋,薛少一.当代视阈下大学生心理健康教育理论与实践研究[M].北京:中国书籍出版社,2018.

第八章　青少年心理健康课程设计与案例分析

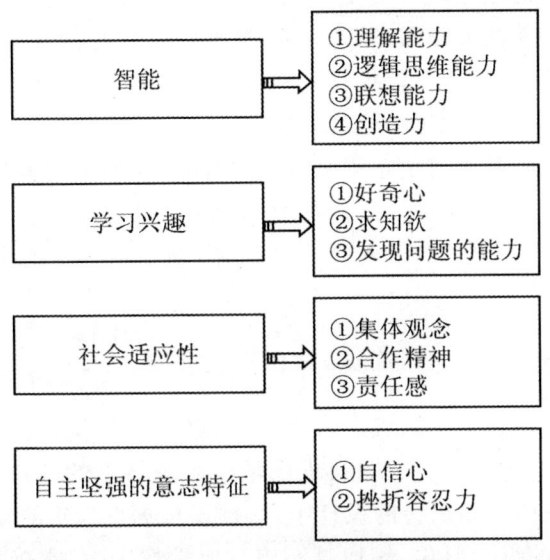

```
┌──────────────┐      ┌──────────────────┐
│    智能      │ ──▶  │ ①理解能力         │
│              │      │ ②逻辑思维能力     │
│              │      │ ③联想能力         │
│              │      │ ④创造力           │
└──────────────┘      └──────────────────┘

┌──────────────┐      ┌──────────────────┐
│   学习兴趣   │ ──▶  │ ①好奇心           │
│              │      │ ②求知欲           │
│              │      │ ③发现问题的能力   │
└──────────────┘      └──────────────────┘

┌──────────────┐      ┌──────────────────┐
│  社会适应性  │ ──▶  │ ①集体观念         │
│              │      │ ②合作精神         │
│              │      │ ③责任感           │
└──────────────┘      └──────────────────┘

┌──────────────────┐  ┌──────────────────┐
│ 自主坚强的意志特征│──▶│ ①自信心          │
│                  │  │ ②挫折容忍力      │
└──────────────────┘  └──────────────────┘
```

图 8-1　青少年心理健康教育课程具体目标

二、选择活动的组织形式

心理健康教育的内容涉及多个方面,因而高校心理健康教育活动的组织形式也较为丰富,一般经常用到的组织形式主要有心理健康主题班会、校园心理拓展训练以及校园心理沙龙等。在这里主要对这三种高校心理健康教育活动的组织形式进行详细的介绍。

(一)心理健康主题班会

班会是指各级学校由教师或学生自发组织的班级会议,在班会上,学生对于班级的管理等问题畅所欲言。心理健康主题班会是教师向青少年进行心理健康教育的一种有效形式和重要阵地。具体来说,青少年心理健康主题班会的组织与实施过程中应当注意做好以下几个方面。

1. 设计青少年所关注的主题

在高校心理健康主题班会召开之前,首先要考虑到的就是要以青少年的心理动态及现实需求为出发点,有针对性地确立和策划班会的主题与内容。心理健康主题班会是一项实践性的活动,所以在设计主题时,可以根据青少年的成长需要、不同时期的心理发展特点,设计一系列相关主题。除此之外,还可以根据一些节日、热点来选择适宜的题目,帮助学生克服心理困惑,促进学生成长发展。

为了保证心理健康主题班会的针对性,组织班会的教师在事前务必进行系统的调查研究,掌握班级的基本情况,清楚青少年近期关注的热点是什么,了解青少年普遍对什么感兴趣,知道青少年的动机、需要、情感等心理特征。

2. 根据青少年的特点选择组织形式并实施

在高校心理健康主题班会召开之前,必须在组织者指导下,由班委进行认真准备,筛选符合主题与班内学生心理特点的模式及活动形式。在高校心理健康主题班会的设计中,必须要根据青少年的年龄和心理特点,选择适当的组织形式,并加以实施。通常情况下,在确定主题后,班会内容的安排、组织、筹备等工作都应该发动班级的所有同学开动脑筋去完成。在这个组织的过程中,要注意留给青少年足够的参与时间与空间,力争每一位学生都能够参与到班会活动中来。

除此之外,还要充分考虑到青少年的生活兴趣和心理特点,采取新颖的方式、灵活多样的形式,同时要因人、因时而异,吸引更多的学生融入主题班会活动的氛围当中来。

3. 合理利用心理辅导技术

在高校心理健康主题班会的实施过程中,教师必须注意做好以下两个方面的工作。

一方面,教师应该合理利用心理辅导的技术,增强青少年的参与意识,扩大心理健康主题班会的参与广度与深度。这就要求教师积极主动地运用各种心理辅导的技术,打破传统主题班会以教师为中心的固有模式,重新构建以学生为中心、以学生自主活动为基础的教育辅导过程。

另一方面,教师还要注意营造平等、尊重、和谐的班会氛围,引导青少年自主地思考和解决问题。客观来说,心理健康教育主题班会应该让每一位同学都成为活动的参与者,学生只有投入了自己的精力和情感,才能更好地融入其中,达到自我教育的目的。唯有如此,心理健康主题班会才能达到增强班级团体凝聚力,增强主题班会活动的参与意识,扩大参与广度的目的。①

(二)校园心理拓展训练

这里所说的校园心理拓展训练,是拓展训练与学校心理教育教学相结合的产物,是一种在团体情境中提供心理学帮助与指导的重要方式。它是通过团体内的人际交互影响,帮助个体在交往中通过观察、学习、体验等方式来认识自我,同时改善人际关系、形成新的生活态度和行为方式,以发展积极有效的生活适应能力的过程。

1. 校园心理拓展训练的内容

一般而言,校园心理拓展训练根据参训者面临的心理问题设定各种训练项目,以便较为有针对性地帮助参与者达到相互沟通、面对问题、解决问题的目的。其主要包括目标设定、幽默愉快、挑战压力、信赖关系、高峰体验、解决问题这六个方面的内容。

(1)目标设定

要发挥团队作用,首先要设定一个具体的目标,这样可以使全体参训者共同分担团队的责任,潜移默化地进行从身体安全到心理安全的转化。

(2)幽默愉快

幽默与愉快的团队氛围,可以使参训者在训练中产生愉快感,从而达到心理压力的释放或排解。

(3)挑战压力

挑战压力是有效释放心理压力的一种方法,它通过慎重地设定许多看起来危险、使参训者感觉到压力的活动,让参训者通过克服困难去真正地释放心理压力。

(4)信赖关系

信赖关系是校园心理拓展训练展开的坚实基础。只有相互信赖,才有可能使所有学生积极参加各种活动,并在出现各种状况的情况下信任同伴,真实感受到当时在场的人的存在,并通过各种具体的活动建立并加深与同伴之间的信赖关系。

---

① 刘栋,薛少一. 当代视阈下大学生心理健康教育理论与实践研究[M]. 北京:中国书籍出版社,2018.

(5)高峰体验

高峰体验是在某种技能学习或进行某项活动的努力过程中所获得的最高的体验。

(6)解决问题

校园心理拓展训练的最终目的就是要解决问题,即通过团队的形式与同伴一起解决问题的训练,使学生们学习到解决问题的技能,体验到成功的喜悦,增强自信心,提高适应社会生活的能力。

2. 校园心理拓展训练应遵循的原则

(1)结合学校实际

一所高校能否开展校园心理拓展训练活动,一定要基于校情,结合实际情况。在开展校园心理拓展训练活动时,要尽可能结合学校的传统和办学特色,这样才会有生命力和实效性。事实上,心理拓展训练进入我国高校校园的时间还比较短,因而有很多相关内容尚待探索和验证。

(2)确保活动安全

校园心理拓展训练的内容很多,有的需要特殊的场地,有的需要专门的器材。因此,组织教师要从实际出发,对于选择的器材、设备、场地,在开展活动前都要进行检查和测试,以便在活动使用过程中确保学生的安全。

(3)合理整合资源

开展校园心理拓展训练有着场地、器材等方面的条件要求,这些都需要花费一定的资金筹备。在开展校园心理拓展训练时,可以考虑将现有、易备的资源加以合理地整合利用,这样同样可以达到训练的效果,而且可以有效地节省学校的资源。

(三)校园心理沙龙

校园心理沙龙是一种形式自由活泼、参与性强的主题讨论会,它是以小组会谈的形式,组织者根据青少年心理发展的热点问题来选定主题后,通过宣传招募的方式邀请有兴趣的青少年参与,是心理老师和青少年都比较喜欢的一种高校心理健康教育活动形式。

1. 校园心理沙龙活动的特点

(1)情感投入的真实性

校园心理沙龙的交流不同于日常生活中的聊天,在沙龙开展的过程

第八章　青少年心理健康课程设计与案例分析

中,参与者保持着生活上的空间距离,但其心灵相近,有一些不愿对朋友讲的话可以在此一吐为快。从本质上来说,交流是一种对思维的整理过程,通过交流引起他人的反馈,反过来促进自己的积极思考。

(2)交流沟通的平等性

一般情况下,人们在交流的过程中有着相对固定的立场,因而在交流时难免会为证明自己所持观点而与他人争论,努力说服他人支持自己的观点。这样做或许可以使人们暂时达成一致,但是很难产生其他的积极后果。但是,在校园心理沙龙活动中,每个人在沟通时都能有足够的耐心去倾听他人的谈话,并站在他人的角度理解其立场的意义,如果理由充分,他们就非常乐意改变对问题的看法。①

2. 校园心理沙龙活动的实施及注意事项

要保证校园心理沙龙活动的顺利开展,就要做好活动前、活动中和活动后三个阶段的各项工作,其具体内容如下。

(1)活动前的准备工作

校园心理沙龙活动前的准备工作又可以细分为以下三个步骤。

首先,要确定主题。校园心理沙龙活动举办之前,相关组织者要召开会议就活动选题进行讨论。选题应注意要尽量具体、可行,尽量避免一些不利于活动深入探讨的选题。

其次,要准备主题。确定主题之后,校园心理沙龙的组织者需要做出充分准备,并形成主题活动的提纲。除此之外,还应该考虑到活动中参与者可能出现的探讨方向以及主持人如何进行引导等问题。

最后,还要研究交流技术。校园心理沙龙活动中,交流讨论能否深入除了受主持人与参与者熟悉和信任程度的影响外,参与者全身心投入、自我表露较深,这些都很重要,组织者必须考虑到。

(2)活动中的主题体现

在校园沙龙活动开始后,肯定会出现很多组织者在活动策划时没有预想到的情况。因此,组织者必须对现场进行灵活的把握和掌控,否则,活动的参与者就会有一种思维被束缚的感觉,从而影响活动质量。

在校园沙龙活动开展过程中,相关人员必须要做好活动记录工作。心理沙龙活动的组织者要安排一名记录员,以随时记录活动开展的情

---

① 夏智伦.高校心理健康教育操作实务[M].北京:高等教育出版社,2013.

况、参与者的言语和非言语等各种信息。之所以记录这些,主要是为了活动结束之后主持人和记录员对本次活动的得失进行总结,分析存在的问题,思考解决的办法,以便为下次活动提供经验。

需要注意的是,在校园心理沙龙活动中,恰当地安排一些游戏活动、情境表演等体验内容,也可能会产生意想不到的积极作用。

(3)活动后的认真总结

在校园心理沙龙活动结束后,必须要及时进行总结。一方面,要总结有助于比较预期的目标和实际得到的效果。另一方面,要趁着刚刚结束活动,印象较深,来总结本次活动的优点、不足之处,以便日后的改进。在一些情况下,沙龙活动组织者内部也会对一些问题产生不同看法,这时候可以让大家先保留各自看法,让实践去评判。

三、选择教学方法

青少年心理健康教育课程主要是通过教师与青少年共同活动来进行的,这些共同活动的方式可看成是青少年心理健康教育课程的教学方法。心理健康教育课程的教学方法有很多,如认知法、操作法、集体讨论法、角色扮演法、行为改变法等。根据青少年的身心发展特点,可采取讲解法、角色扮演法、游戏法、讨论法这几种教学方法。

(一)讲解法

这种方法主要是通过教师的讲述,使青少年懂得一些道理。例如,在"合作性训练"中,通过三四个青少年做体育游戏《钩花》的演示:围成一圈,每人伸出右脚,互相钩叠成花,之后,教师向他们讲解合作的重要性,这就是讲解法的应用。讲解法的应用形式还有讲故事。

(二)角色扮演法

角色扮演法是一种通过青少年模仿某一种行为或替代某一种行为,从而影响心理过程的方法。它是以青少年为中心,实现教学互动的一种提高青少年参与积极性的教学方法。角色扮演法类似游戏,通过表演找出青少年的心理或行为问题,进而起到提高自我认识、减轻或消除心理问题、提高心理素质的作用。例如,在"合作性训练"中,教师让青少年表

第八章　青少年心理健康课程设计与案例分析

演了"折箭"故事的情景：

三个儿子都很优秀，练就一身本领，但都很不服对方，认为自己才是最强的，经常明争暗斗，互不相容。国王弥留之际，为团结三个儿子，就让他们在自己面前分别折断一根箭，然后试图让他们折断一把箭，结果没有成功。国王对儿子们说，"一根箭会轻易被折断，但一把箭就难以折断了，因此，你们三个人只能联合起来才能抵御外敌。这就是合作的重要性。"三个儿子恍然大悟。

青少年 A 扮演国王，青少年 B、青少年 C、青少年 D 分别扮演国王的三个儿子。让青少年通过自己扮演的角色，体会合作的重要性。

又如，在"责任感训练"中，教师让青少年表演了如下情景："小芳摔了一跤，老师叫丹丹和姗姗到医务室拿万花油。途中，丹丹和姗姗看到有几个小朋友在玩丢手绢。丹丹忍不住跑去一起玩儿，还叫姗姗也去参加。但姗姗想到自己拿万花油的任务还没有完成，就没有去玩丢手绢。最终，姗姗一个人到医务室拿了药给小芳。"由于角色扮演法具有生动活泼的特点，不但能发展青少年的心理素质，而且能提高其多方面的能力，因此其使用频率较高。

（三）游戏法

对青少年进行心理健康教育，游戏法是最主要的方法之一，因为游戏是青少年最喜爱的活动。

根据青少年的认知发展水平，青少年游戏发展阶段可分为练习性游戏、象征性游戏（皮亚杰）。练习性游戏只是为了获得愉快的体验而重复某种动作。象征性游戏则是青少年的典型游戏，对青少年产生极其重要的影响。青少年通过扮演游戏中的某种角色或用玩具代替某种物品进行游戏，把自己的愿望和对现实生活的理解反映到游戏中。例如，一个青少年围着围裙，用沙土代替食物，模仿妈妈的样子炒菜做饭。象征性游戏，或者自我模仿和模仿他人，或者物模仿物、人模仿人，或者加入情节进行象征性的组合。

根据青少年的社会性水平，青少年游戏发展有六个水平（M. Parten）：偶然的行为、旁观游戏、单独游戏、平行游戏、联合游戏、合作游戏。

后来有学者（A. P. Jaworski, D. Bergen）综合青少年的认知和社会性水平，划分了 15 种青少年游戏类型，并给予了明确的操作定义和游戏举例,如表 8-1 所示。

表 8-1　15 种游戏类型举例①

游戏类型	游戏举例
1. 旁观—实践	观看青少年玩滑梯
2. 旁观—象征	观看另一个青少年给木偶喂面包
3. 旁观—规则	观看教师和青少年在玩"手拉手围成圈唱歌"的游戏
4. 个体—实践	独自踮着脚尖在楼梯上跑来跑去
5. 个体—象征	让玩具动物"走路"和"说话"
6. 个体—规则	按照特别的次序把玩具排成一排,并按照一定的规则移动玩具
7. 平行—实践	在别的青少年旁边画画,但互不相干,没有沟通和交流
8. 平行—象征	在屋内摆桌子,给布偶"喂"食物,而同时别的青少年也在使用布偶玩具
9. 平行—规则	和别的青少年一起奔跑,但并不是与他们进行赛跑
10. 联系—实践	和另一个青少年在枕头上打滚
11. 联系—象征	与另一个青少年一起用积木"造"谷仓,给他递工具、材料,提建议
12. 联系—规则	与另一个青少年一起玩"轮换"的游戏,比如用车拉人
13. 合作—实践	与另一个青少年相互传球玩耍
14. 合作—象征	参加"过家家"角色游戏,当"爸爸""妈妈""爷爷""奶奶"
15. 合作—规则	和别的青少年参加捉人游戏、捉迷藏游戏

　　实际上,游戏还可分为竞赛性游戏和非竞赛性游戏;也可分为角色游戏、表演游戏、结构游戏、音乐游戏、智力游戏等。不同种类的游戏,对青少年起到不同的心理健康教育作用。例如,青少年参加竞赛性游戏可以培养其竞争意识和合作精神;而参加非竞赛性游戏可以减轻青少年的紧张或焦虑,从而体验到轻松愉快。

---

① 刘文. 幼儿心理健康教育[M]. 北京:中国轻工业出版社,2008.

(四)讨论法

讨论不是个体的,它需要与他人进行交流和沟通。因此,在青少年心理健康教育课程里,运用讨论法可以沟通教师和青少年、青少年之间的思想和感情,激发青少年的参与热情,加深青少年的认识。例如,脑力激荡法通过集体的思考和讨论,使各种思想观念相互碰撞、激荡,从而发生连锁反应,由此产生了更多的全新的意见或想法。脑力激荡法通常应用于创造力训练、解决问题能力训练等课程之中。在运用脑力激荡法时,严禁批评参与者,从而让青少年能够自由畅想,想得越多,效果越容易达到,还可以改组、组合别人的想法。讨论法的运用,可以在全班进行,也可以在小组里进行。

在青少年心理健康教育课程的设计中,要综合应用各种教学方法,以取得最佳效果。

四、呈现课程设计思路

在青少年心理健康教育课程的设计中,可采用主题系列单元的形式进行设计。首先,确立几个主题。其次,根据某一个主题设计不同的单元,循序渐进。仍以前面那个已经确立好青少年心理健康教育课程目标(图8-1)为例,根据确立好的目标设计几个主题:提高思维能力,激发学习兴趣,培养合作性和责任感,发展自我意识。在每一个主题下设计三四个单元。例如,在"培养合作性和责任感"这个主题中,可以设计四个单元:"折箭"的故事、手帕制造厂、哪种做法是对的、损坏玩具之后,这四个单元从意识、行为方面培养青少年的合作性与责任感。一周完成一个单元的教学,同一周的其他活动也都围绕该单元而展开,从而把青少年心理健康教育课程内容渗透到其他各科教学与游戏当中。

在设计一个单元的过程中,要明确单元的教学目标,考虑单元教学课时、教学场地、教学活动方式和程序,做好相关的准备工作。其中,主要部分是该单元的教学活动步骤。例如,在合作性训练中,准备多块厚纸板,一面是动物图形,另一面是青少年熟悉的儿歌名称,再把每块厚纸板分割成四小块。然后安排以下几个环节:第一,打散分割的纸板,让每个青少年任取一块。第二,青少年寻找三个伙伴,以拼凑成完整的动物图形。第三,找到目标伙伴后,四个青少年一起牵手绕圈,同时唱纸板图形背面的儿歌。第四,所有青少年归位,围成圈儿,讨论自己寻找目标伙伴的过程、找到目标伙伴后的心情。第五,教师作小结:只有友好合作,才能拼成漂亮的图形。

第三节　青少年心理健康教育课程案例

一、"我是谁?"课程设计案例

(一)课程目标

1. 了解"认识自我"的重要性。
2. 知道"认识自我"的自查方法。
3. 从别人的反馈中,使自知的我和他人所知的我更为一致。

(二)课前准备

1. 教师事先构思有关"了解自己的重要性"的实例或故事。
2. 准备好"形容词检核表"挂图。
3. 准备小张白纸,每人一张。

(三)教学步骤

1. 教师讲述有关了解自己的重要性的实例或故事,以引起学生参与讨论的动机。
2. 结合故事,引导学生讨论了解自己的重要性。
3. 教师向学生说明了解自己的一种方法,即填充句子"我是谁?"的方法,并通过例子示范来说明。

例:我是谁? 我是一个爱笑的人。

我是谁? 我是一个喜欢帮助别人的人。

我是谁? 我是一个脾气急躁的人。

我是谁？我是一个兴趣广泛的人。

我是谁？我是一个热爱学习的人。

4. 教师将"形容词检核表"挂在黑板上，并发给每位学生一张白纸，请学生们参照"形容词检核表"上的描述自我的有关词语，在纸上写下五至十句描述自己的句子"我是……"，不必署名。

5. 教师将纸张收齐折叠好，放在团体中央。请一个同学抽取一张纸，并念出纸中句子，让大家猜这张纸是谁写的。然后，教师请猜中的同学说出他猜的理由，并请被猜中的同学谈谈被猜中时的感受。如此循环。

6. 师生共同讨论有关自我了解与他人的了解之间的关系是否相一致的问题，并对不一致情况进行分析讨论和澄清，以增进自我认识的客观性。

7. 教师小结认识自己的重要性和了解自己的方法，鼓励学生在以后的生活学习中注意正确了解自己。

二、"人际交往"课程设计案例

(一)课程目标

1. 帮助学生认识同学之间和睦相处的重要性。
2. 促进同学之间的相互了解、相互认识，促进同学团结。
3. 教育学生学习一些必要的人际交往常识。

(二)课前准备

1. 教师事先了解班级的人际关系情况，并通过约谈、个别交流等方式了解其原因。
2. 上课前老师组织同学将课桌排列成圆圈。
3. 准备记分牌(记录游戏得分用，可以用小黑板代替)，小红旗若干面，手帕若干条。
4. 教师事先针对本班的人际关系实际，编制同学和睦相处和吵架的实例或故事(或组织学生一起编写，要求故事能切合本班实际。参考故事见教学步骤)。

5. 教师事先挑选几个有表演才能的同学，在课堂上表演自编的短剧故事。

(三)教学步骤

1. 进行"相互访问"活动。全班同学围成圆圈坐，两人一组，互相自我介绍，自我介绍的内容包括：(1)自己的姓名、年龄、家庭情况等。(2)自己的兴趣、爱好、特长、个性特点等。(3)其他有关的情况。

2. 访问活动结束后，每个同学介绍被其访问的同学，再由被介绍者补充。教师告诉其他同学要注意听，记住班上每个同学的特征，然后进行认人比赛。

3. 教师根据学号将班上同学分成两组（如按奇偶数分组），然后要求每组同学一上讲台就说出对方相邻号者的姓名、年龄、家庭情况、爱好、兴趣、特长、个性特点等，答对一项得一分，直到两组同学轮完为止。教师将得分写在黑板上。统计两组成绩，得分高的一组获胜，得分低的一组唱一首歌或做其他活动。

4. 游戏活动结束后，进行短剧表演。教师将学生分成两组，各组自行设计并表演一则短剧，短剧内容为同学和睦相处或吵架的实例或故事。故事可以由学生自编，也可由师生在课前一起预先编制。

5. 短剧故事表演完毕后，组织学生自由讨论。

6. 最后教师讲评：学校就像一个大家庭，在这个大家庭里，同学就是我们的兄弟姐妹，也是我们的好朋友，所以，同学之间需要互相尊重，互相关怀。当同学需要我们的帮助时，我们要尽量给他们帮助。这样，同学之间才能和睦相处，我们的校园才是美丽的校园。同学之间不可以因为任何理由伤害彼此的感情。如果我们大家都兵戎相见，就破坏了我们校园的美丽。

三、"情绪的认识与调节"课程设计案例

(一)课程目标

1. 了解情绪的各种表现及其对人身心健康的影响。
2. 了解自己的情绪特点。
3. 学习对情绪进行自我调节。

（二）课前准备

1. 准备好有关情绪对人身心健康影响的故事。
2. 准备各种情绪表现的图片。
3. 准备几个学生不良情绪反应的情境。

（三）教学步骤

1. 教师讲述关于情绪对人身心健康影响的故事，以引起学生的兴趣与动机。例：诸葛亮气死周瑜的故事和古代著名医学家张子和用"笑"治病的故事（略）。

2. 教师结合故事，并出示事先准备好的各种情绪的图片，引导学生辨认各种情绪的不同表现，并向学生说明：愤怒、悲伤、痛苦等不良的情绪对人的身心健康是不利的，而愉快、欢乐、满意、平静等良好的情绪是有利于人的健康的。

3. 教师提出多种情境，请学生说出他们会产生何种情绪及产生该情绪的原因。

4. 教师结合学生的回答，引导学生分析：

（1）自己的情绪反应是否适当？即遇到不如意的事时，自己的情绪通常是比较平和还是容易激动、生气？

（2）产生不愉快情绪的原因是什么？是否与自己对所遇事情的看法和态度有关？

（3）面对不如意的事，如何调节自己对人、对事的态度，以保持良好的心境，产生积极的情绪反应？

5. 角色扮演：教师将几个不良情绪反应导致不良后果的情境呈现在黑板上，请几个同学根据情境需要进行角色扮演，并请其他同学帮助角色中的人物进行情绪调节。附：几个常见的不良情绪反应的情境（略）。

6. 教师小结，强调不同情绪对人的影响作用，鼓励学生正确了解自己的情绪特点，并学习以开朗、宽容的态度去对待不如意的事情，以保持良好的情绪状态。

四、"学习动机激发"课程设计案例

（一）课程目标

1. 了解成就动机对学习的影响。
2. 了解自己的能力与抱负水平。
3. 树立恰当的抱负水平、激励学习动机。

（二）课前准备

1. 准备一个缺乏学习动机的故事。
2. 准备不同抱负水平对学生学习影响的情境。
3. 准备自我测查学习动机的测验问卷每人一份。

（三）教学步骤

1. 教师讲述一个因为缺乏成就动机而无所作为的故事，引起学生的兴趣与动机。故事："天鹅的志向"（略）。

2. 教师结合故事，讲解成就动机的含义及其对学习的重要作用。如成就动机是指个人对自己认为重要或有价值的事，不但愿意去做，而且力求做好的一种内部推动力。对于学生来说，成就动机强的人，在学习上会积极主动，不甘落后，不断去争取进步；而成就动机弱的学生则没有学习目标和方向，做事马虎，得过且过，缺乏积极上进的热情，学习成绩也可能总是处于落后状态。

3. 角色扮演。教师出示事先准备好的角色扮演情境，请同学按照情境的需要认真扮演，并针对情境中的情况进行讨论：情境中的人物成就动机是强还是弱？成就动机的强弱对于其学习有何影响？自己与哪一种情境相似？通过这种角色扮演与讨论，增强学生对成就动机与学习的重要关系的认识。例：不同成就动机的表现事例（略）。

4. 教师结合学生的表演和讨论，鼓励学生的成就动机。不过教师需要说明的是：成就动机与学习效率的关系并非呈直线关系，而是呈倒"U"形的关系，即学习动机太弱或太强都是不恰当的，前者会使人没有

第八章 青少年心理健康课程设计与案例分析

上进心,无所事事;后者会使人太紧张,产生过度焦虑,反而降低学习效率。中等偏上强度的学习动机是比较恰当的。

5. 教师发给学生一份学习动机自我测查问卷,让学生自己填写,了解自己的学习动机的强弱。附:学习动机测查问卷(略)。

6. 教师指导学生分析自我测查的结果,并强调:通过测查的方法来了解自己的成就动机只是其中的方法之一,学生还可以通过平时的学习表现来了解自己。同时,鼓励学生在正确了解自己的实际能力的基础上,树立适当的抱负水平,要像故事中的天鹅那样,有目标、有志向、有积极向上的动机。

参考文献

[1]常英华.基于素质教育的大学生心理健康教育研究[M].北京：中国书籍出版社,2016.

[2]陈汉英.学校心理健康教育[M].杭州：浙江大学出版社,2019.

[3]陈丽梅.青少年心理健康教育研究[M].武汉：华中师范大学出版社,2009.

[4]陈宁,方慧,陆烨.适应与成长青少年身心健康研究[M].上海：上海交通大学出版社,2011.

[5]陈晓荆.青少年心理咨询的理论与实践[M].福州：福建科学技术出版社,2016.

[6]单丹丹.青少年心理健康教育手册[M].合肥：合肥工业大学出版社,2012.

[7]范翠英,孙晓军.青少年心理发展与教育[M].武汉：华中师范大学出版社,2013.

[8]高云山.青少年心理健康[M].北京：人民军医出版社,2015.

[9]郭燕燕,渠改萍.青少年积极心理健康教育[M].广州：世界图书广东出版公司,2014.

[10]郭志刚,赵四平.大学生心理健康指南[M].北京：中国原子能出版社,2020.

[11]李百珍,周四红,张晶晶.心理卫生的维护[M].北京：科学普及出版社,2013.

[12]李百珍.青少年心理健康教育与心理咨询[M].北京：科学普及出版社,2003.

[13]李国强,谢平英.心理健康教育课程设计与开发[M].湘潭：湘潭大学出版社,2017.

[14]李群,放双虎.学校心理健康教育[M].芜湖：安徽师范大学出

版社,2016.

[15]李笑燃.当代高校心理健康教育研究[M].长春:吉林大学出版社,2014.

[16]刘栋,薛少一.当代视阈下大学生心理健康教育理论与实践研究[M].北京:中国书籍出版社,2018.

[17]刘刚.青少年心理健康教育读本[M].西安:陕西人民美术出版社,2014.

[18]卢家楣.青少年心理与辅导理论和实践[M]第3版.上海:上海教育出版社,2016.

[19]卢文学,姜红娟,罗尔曼.新世纪青少年心理健康教育新概念（上、下）[M].拉萨:西藏人民出版社,2001.

[20]罗赣权,范叶飞.青少年心理健康教育[M].南昌:江西高校出版社,2009.

[21]吕斐宜.我国心理健康教育研究[M].广州:中山大学出版社,2016.

[22]莫雷.青少年心理健康教育[M].上海:华东师范大学出版社,2003.

[23]彭跃红,王浩宇.青少年心理健康教育放飞心灵[M]第2版.北京:清华大学出版社,2016.

[24]鹏翠.青少年心理健康教育促进研究[M].长春:吉林摄影出版社,2018.

[25]祁娟.青少年心理导航教育手册心理健康[M].北京:人民日报出版社,2016.

[26]孙婷.青少年心理健康教育与应对研究[M].石家庄:河北人民出版社,2018.

[27]索淑艳.我国青少年心理发展与健康教育研究[M].北京:九州出版社,2017.

[28]王建民,尚建杉,张红军.青少年性心理健康教育新概念（第3册）[M].拉萨:西藏人民出版社,2001.

[29]王建中,宫辉.大学生心理健康教育研究[M].西安:西安交通大学出版社,2016.

[30]王坤,孔德菊,李超.青少年心理问题与治疗[M].北京:国家行政学院出版社,2013.

[31]王利军,何雅丽,赵克昌.青少年心理健康教育概论[M].太原:山西科学技术出版社,2008.

[32]王振宏.青少年心理发展与教育[M].西安:陕西师范大学出版社,2012.

[33]谢倩,辛勇,陈谢平,等.青少年危险行为及其心理防范[M].成都:四川大学出版社,2015.

[34]姚岭岚.中学生健康心理塑造教育心理专家对21世纪青少年的关怀[M].北京:人民卫生出版社,2001.

[35]张大均,郭成.青少年心理健康教育[M].重庆:重庆出版社,2006.

[36]张建卫等.心理健康教育案例研究与理论探索[M].北京:北京理工大学出版社,2016.

[37]张天清.青少年心理健康教育工作手册[M].南昌:百花洲文艺出版社,2018.

[38]张振中,张付,吴晓曦.现代青少年心理健康教育[M].北京:国防大学出版社,2005.

[39]赵丽琴.青少年心理健康教育[M].北京:中央广播电视大学出版社,2016.

[40]赵铉,任瑞珍,王孝乾.心理与健康[M].成都:电子科技大学出版社,2016.